누가 누가 건강하게 오래 살까?

Copyright © 2016 Bramblekids Ltd.
All rights reserved
Korean translation rights © 2017 Darun Publishing
Korean translation rights are arranged with Bramblekids Ltd. through Amo Agency Korea.

이 책의 한국어판 저작권은 AMO 에이전시를 통해 저작권자와 독점 계약한 다른출판사에 있습니다.
저작권법에 의해 한국 내에서 보호를 받는 저작물이므로 무단 전재와 복제를 금합니다.

누가 누가 건강하게 오래 살까?

스티브 웨이·펠리시아 로 글
율리야 소미나 그림
권예리 옮김
정갑수 이학박사 감수

8

매직
사이언스

8 건강한 사람이란?
영양실조 • 풍부해진 먹을거리 • 부족한 먹을거리
건강하게 살기

12 어떤 나라 사람이 오래 살까?
부유한 나라의 기대 수명 • 가난한 나라의 기대 수명
의료 제도 • 보건소

16 건강에 꼭 필요한 영양소
탄수화물 • 단백질 • 물과 섬유질 • 비타민
미네랄 • 지방

20 굶주린 몸에서 벌어지는 일
왜 굶주릴까? • 영양 부족

24 유전자 변형 식품이 뭐예요?
찬성과 반대

28 왜 자꾸만 뚱뚱해질까?
비만 • 트랜스 지방 • 제이미 올리버 • 설탕 줄이기 운동

32 너무 말라도 걱정이에요
거식증 • 폭식증 • 빼빼 마른 모델 • 섭식 장애를 없애자

36 목숨을 앗아 가는 말라리아
   말라리아

38 앗, 따가워! 모기다
   말라리아를 옮기는 모기 • 말라리아 병원충과의 싸움

42 더러운 물이 불러오는 병
   콜레라 • 결핵

46 깨끗한 물, 귀중한 물
   물에 대한 여러 가지 사실 • 지하수
   물을 이용하는 방법

50 에이즈는 왜 무서운 병일까?
   에이즈에 왜 걸릴까? • 무섭게 퍼지는 에이즈
   에이즈를 물리칠 수 있을까? • 에이즈 예방법

54 병을 옮기는 세균과 바이러스
   슈퍼 박테리아 • 항생제 사용법 • 신종 바이러스
   조류 독감 • 지카 바이러스 • 에볼라 바이러스

60 어떻게 병을 물리칠까?
   예방 주사 • 백신 개발 • 신약

64 의사가 필요 없는 민간 요법

병을 낫게 하는 약초

68 온몸을 건강하게

아유르베다 요법

72 몸과 마음을 다스리는 요가

연꽃 자세 ● 흙, 물, 공기, 불 ● 오래 사는 식물, 연꽃

76 고통을 안겨 주는 중독

중독되기 쉬운 약 ● 알코올

80 폐를 공격하는 것들

일산화탄소 ● 니코틴 ● 타르 ● 흡연에 대하여

84 장애를 이겨 내요

점자 ● 시각 장애를 뛰어넘은 위인들 ● 위험한 지뢰

88 장애인 올림픽 영웅들

패럴림픽 경기 종목 ● 참가 종목 ● 금메달을 딴 선수들

92 평화를 깨뜨리는 전쟁

소년 병사들 ● 전쟁 피해자 ● 지뢰밭

96 **떠돌이가 된 피난민들**

98 **의료 봉사 활동**
플라잉 닥터 서비스 • 사이트세이버
오퍼레이션 스마일 • 국경 없는 의사회

102 **운동을 하며 건강을 지켜요**
친구들과 뛰어놀기 • 건강을 해치는 스트레스
스트레스 다스리기

106 **가족을 돌보는 아이들**
환자 돌보기 • 아픈 가족을 위해 우리가 할 일
도움의 손길

110 **공평하고 행복한 사회**
행복 지수 • 공평한 혜택 • 덴마크 • 국민총행복

114 **서로 돕고 살아요**
생각과 의견 말하기 • 자매 결연
할머니 할아버지 돌보기 • 가축 기증 • 새로운 세상 만들기

118 용어 설명   125 사진 출처
122 찾아보기   127 교과 연계

건강한 사람이란?

건강한 사람이란 어떤 사람일까요? 병에 걸리면 몸이 아파서 괴롭습니다. 만일 병이 나아서 아프지 않게 되면 건강하다고 할 수 있을까요? 그렇지 않습니다. 병에 걸리지 않아도 이런저런 문제로 고통을 겪는 사람들이 있습니다. 그런 사람은 건강하다고 할 수 없습니다. 정말 건강한 사람이란 몸도 건강하고 자신의 주변 환경과 조화롭게 어우러져서 즐겁게 살아가는 사람입니다.

영양실조

세상에는 너무 많이 먹어서 살찐 사람도 있고, 반대로 너무 굶주려서 영양실조에 걸린 사람도 있습니다. 왜 그런 것일까요? 농부들이 끊임없이 농사를 짓고, 많은 사람들이 부유한 나라를 만들기 위해 열심히 일하고 있는데 말이지요.

부유한 나라 영국과 미국에서는 농장에서 생산한 먹을거리가 너무 많아서 거의 절반은 쓰레기통에 버린다고 합니다. 그런데 왜 지구 반대편 나라에서는 굶주리다 못해 병에 걸리고 목숨까지 잃는 것일까요? 참 이상한 일입니다.

풍부해진 먹을거리

지난 50년 동안 세계 인구는 점점 더 천천히 늘어났지만, 먹을거리는 점점 더 빠르게 늘어났습니다. 그래서 오늘날 전 세계에 있는 먹을거리는 전 세계 사람이 나눠 먹고도 남을 만큼 넉넉하지요. 영양실조로 고생하는 사람도 지난 30년 동안 계속해서 줄어들었다고 합니다.

부족한 먹을거리

그러나 아직도 전 세계 사람 중 8분의 1은 잘 먹지 못해서 몸이 허약합니다. 인구가 아주 많은 인도, 파키스탄, 방글라데시에서는 절반 정도의 사람이 굶주리고 있습니다.

왜 굶주리는 것일까요?
첫째, 가난 때문입니다. 몹시 가난해서 음식을 살 돈도 없고, 농사 지을 땅도 없는 것이지요. 둘째, 날씨 때문입니다. 땅이 있더라도 가뭄이

계속되거나 큰 홍수가 나면 농사를 짓기가 힘듭니다.

  전쟁과 같은 난리를 피해 다른 지역으로 떠났다가 굶주리며 살아가는 사람들도 있습니다. 아프리카의 사하라 사막 남쪽에 그런 사람들이 많아요. 그곳의 땅은 너무 메말라서 농작물을 기르기도 힘들고, 사람이 마실 물조차 부족하답니다.

건강하게 살기

안타깝지만 평생 동안 건강하게 살아가는 사람은 아무도 없습니다. 사람은 누구나 병에 걸릴 위험 속에서 살아갑니다. 여행이나 무역을 하는 중에 병균이 옮겨 다니기도 합니다.

  과학자와 의사들은 지구의 모든 사람이 건강하게 사는 세상을 만들기 위해 오늘도 열심히 연구하고 환자들을 돌보고 있습니다.

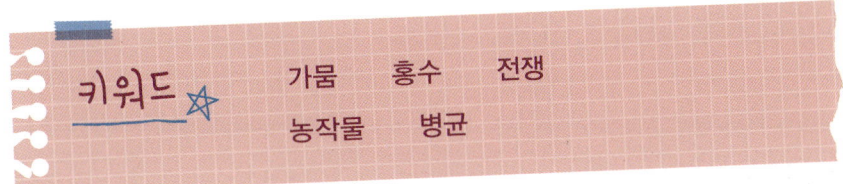

키워드 ☆   가뭄   홍수   전쟁   농작물   병균

어떤 나라 사람이 오래 살까?

기대 수명이란 세상에 태어난 아기가 몇 살까지 살 수 있을지 나타낸 숫자를 말합니다. 기대 수명은 나라마다 조금씩 다릅니다. 부유한 나라와 가난한 나라가 서로 다르고, 같은 나라 사람이라도 남자와 여자가 서로 다릅니다. 병을 고치는 의학 기술이 발전할수록 기대 수명이 길고, 전쟁이 나거나 **전염병**이 돌면 갑자기 짧아지기도 합니다.

부유한 나라의 기대 수명

전 세계 사람의 기대 수명은 평균 약 66세입니다. 남자는 66세보다 조금 낮고, 여자는 66세보다 조금 높습니다. 여자들이 남자들보다 좀 더 오래 사는 셈이지요.

부유한 나라인 일본, 오스트레일리아, 스위스 등은 기대 수명이 80세가 넘습니다. 잘사는 나라일수록 의학 기술이 발전하고 주변 환경도 안전해서 사람들이 오래 사는 편입니다.

가난한 나라의 기대 수명

아프리카에 있는 몇몇 가난한 나라는 기대 수명이 40세도 안 됩니다. 그중에 스와질란드는 세계에서 기대 수명이 가장 짧습니다. 이런 나라에서는 병에 걸릴 위험이 아주 높습니다.

어떤 나라는 갓난아기일 때 죽는 영아 사망률이 높아서 기대 수명이 짧은 편입

기대 수명이 긴 나라 순위

1 일본
2 싱가포르
3 오스트레일리아
4 캐나다
5 프랑스
6 스웨덴
7 스위스
8 이스라엘
9 아이슬란드
10 뉴질랜드
11 이탈리아
12 모나코

니다. 다행히 아기가 태어나 돌을 넘기면 그 뒤로는 세계의 평균 기대 수명인 66세에 점점 더 가까워집니다.

'95~99세 남자 100미터 달리기'에서 95세인 일본인 할아버지가 세계 기록을 세웠습니다.

의료 제도

나라 전체의 살림을 맡은 정부는 국민들의 건강을 돌봐야 할 책임이 있습니다. 정부는 국민들이 병에 걸리지 않도록 안전한 환경을 만들기 위해 노력합니다. 병에 걸리면 적극적으로 치료받을 수 있도록 여러 가지 의료 제도를 마련합니다. 의료 제도란 건강보험, 병원 시설 등 건강과 관련된 일에 대해 나라가 정해 놓은 규칙을 말합니다.

　의료 제도가 있어도 아픈 사람들은 끊임없이 생겨납니다. 그렇지만 의료 제도가 잘 되어 있는 나라일수록 국민들이 건강하고 오래 사는 편입니다.

보건소

병에 걸리거나 사고로 몸에 상처를 입으면 병원을 찾아갑니다. 병원도 여러 종류가 있습니다. 그중에 보건소는 우리 지역 사람들의 건강을 책임진 곳이에요. 보건소에서는 사람들이 흔히 걸리는 병을 진료합니다. 심각한 병에 걸린 환자는 좀 더 전문적인 치료를 받을 수 있도록 다른 병원으로 안내해 줍니다. 보건소는 지역 사람들에게 건강 교육도 해 주고, 노인이나 가난한 사람들을 무료로 진료해 주기도 합니다.

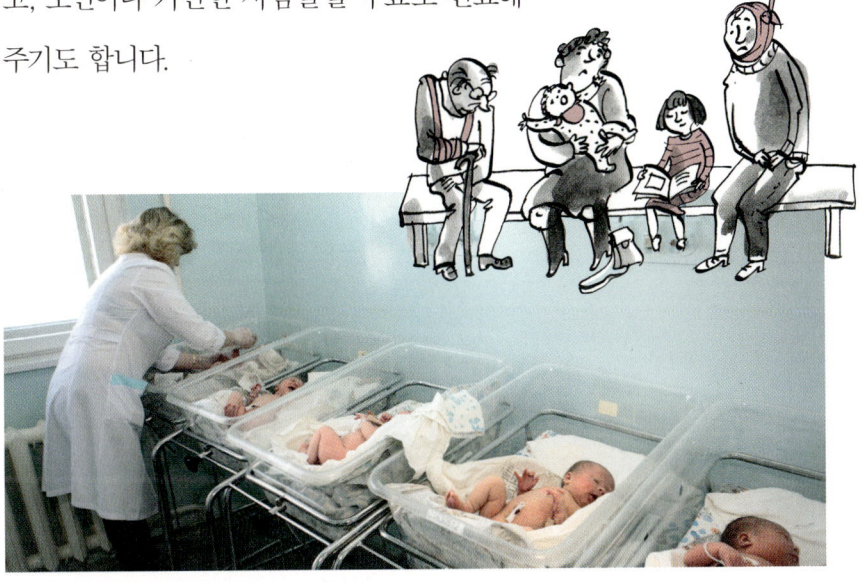

간호사가 건강한 갓난아기들을 돌보고 있습니다.

키워드 기대 수명 전염병 영아 사망률
         의료 제도 보건소

건강에 꼭 필요한 영양소

사람은 균형 있는 식생활을 해야 합니다. 편식하지 말고 다양한 종류의 음식을 골고루 먹어야 건강하게 살 수 있어요. 어떤 음식을 얼마나 많이 먹어야 하는지는 나이, 성별, 생활 방식에 따라 다릅니다. 영양소에 대해 연구하는 영양학자들은 청소년과 어른들에게 과일과 채소를 날마다 다섯 줌 이상 먹으라고 권합니다. 건강하게 살아가려면 다음과 같은 영양소가 꼭 필요합니다.

탄수화물

탄수화물은 우리 몸에서 중요한 '에너지원'이 됩니다. 몸에서 불끈불끈 힘이 나게 해 주는 영양소라는 뜻이지요. 탄수화물에는 단순 탄수화물과 복합 탄수화물, 두 가지가 있습니다. 단순 탄수화물은 케이크, 과자, 주스, 꿀 등에 들어 있고, 복합 탄수화물은 감자, 쌀, 옥수수, 밀 등에 들어 있는 영양소입니다.

길거리 시장에서 신선하고 건강에 좋은 채소를 팔고 있습니다.

탄수화물이 들어 있는 음식을 먹으면 몸에서 소화가 되면서 탄수화물이 포도당으로 바뀝니다. 바로 이 포도당이 에너지를 만들어 내는 것이에요. 몸에 포도당이 부족하면 기운이 없어서 활동하기 힘들고, 머리 속의 뇌도 게을러져서 생각하는 힘을 잃게 된답니다.

단백질

단백질은 우리 몸을 만들어 내는 가장 중요한 영양소입니다. 단백질이 있어야만 뼈, 근육, 내장, 피부, 피, 머리카락 같은 몸의 기관들이 만들어져요. 상처가 났을 때 새살이 돋으며 아물어 가는 것도 단백질 덕분입니다.

    고기, 생선, 계란 등에는 동물성 단백질이 들어 있고, 콩이나 감자 등에는 식물성 단백질이 들어 있습니다. 건강하게 살려면 여러 가지 단백질 음식을 골고루 먹어야 합니다.

물과 섬유질

입으로 먹은 음식은 식도, 위, 소장, 대장 같은 소화 기관을 거쳐서 항문으로 빠져나옵니다. 이때 음식물이 소화 기관을 잘 통과하려면 물과 섬유질 음식을 충분히 먹어야 합니다. 섬유질은 사과, 고구마, 아몬드, 브로콜리 같은 채소와 과일에 많이 들어 있답니다.

비타민

비타민은 우리 몸의 기관이 정상적인 기능을 하는 데 꼭 필요한 영양소입니다. 비타민에는 여러 종류가 있는데 비타민 A, 비타민 B처럼 이름마다 영어 알파벳이 붙어 있습니다. 비타민 B, C는 물에 녹는 수용성 비타민이고, 비타민 A, D, E, K는 물에 녹지 않는 지용성 비타민입니다.

미네랄

미네랄은 우리 몸에 아주 적은 양만 필요하지만, 건강을 지키는 데 꼭 필요한 영양소입니다. 미네랄도 여러 종류가 있는데 그중에 정말 중요한 필수 미네랄은 칼슘, 마그네슘, 아연, 칼륨 등입니다.

　미네랄은 우유나 치즈 같은 유제품과, 아몬드나 호두 같은 견과류에 많이 들어 있고, 과일과 채소, 생선, 고기에도 들어 있습니다.

지방

지방은 탄수화물처럼 몸에서 에너지를 만들어 주고, 특히 피부와 머리카락을 건강하게 가꾸어 줍니다. 어떤 지방은 건강을 지키는 데 매우 이롭지만, 반대로 건강에 좋지 않은 지방도 있습니다. 햄버거 같은 패스트푸드에는 보통 건강에 해로운 지방이 들어 있습니다.

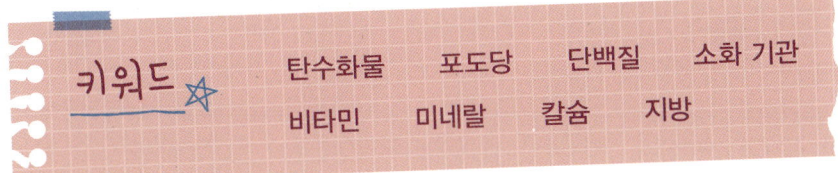

키워드 ☆　　탄수화물　　포도당　　단백질　　소화 기관
　　　　　　　비타민　　미네랄　　칼슘　　지방

굶주린 몸에서 벌어지는 일

음식을 제대로 먹지 못하면 몸에 영양소가 부족해집니다. 그러면 몸에 보관돼 있던 에너지원인 탄수화물과 지방을 꺼내 쓰기 시작하는데, 이때는 탄수화물과 지방이 에너지를 많이 만들지 못합니다. 그래서 오랫동안 굶주린 사람은 몸에 힘이 없고 피곤함을 느낍니다. 만일 어린아이가 이렇게 굶주린 상태로 지내면 건강이 아주 나빠질 수 있습니다. 어른은 몸에 에너지원이 많이 보관돼 있지만, 어린아이는 그렇지 못하거든요.

왜 굶주릴까?

경제학자인 아마르티아 센 박사는 기근에 대한 훌륭한 연구로 1998년 노벨상을 받았습니다. 기근이란 오랫동안 먹을거리가 없어서 굶주리는 것을 말합니다.

기근은 왜 일어날까요? 흉년 같은 큰 문제가 생겨서 먹을거리가 부족해지면 일어날까요? 그렇기도 하지만 꼭 그것 때문만은 아니라는 사실을 센 박사는 밝혀냈습니다. 센 박사에 따르면 돈의 값어치가 낮아져서 먹을거리를 살 돈이 모자랄 때 기근이 일어난다고 합니다. 또 먹을거리가 넘쳐나더라도 그것을 굶주린 사람들에게 보내 줄 방법이 없을 때 일어나기도 합니다.

아프리카에서 한 어린이가 쓰레기 더미를 뒤지며 먹을 것을 찾고 있습니다.

인도에서는 수천 명의 어린이가 길거리에 나와서 먹을 것을 달라고 구걸합니다. 이 사진 속 아이들은 수박을 얻어먹고 있습니다.

영양 부족

각 영양소마다 우리 몸에서 하는 역할이 다르기 때문에 음식을 골고루 먹는 것이 무엇보다 중요합니다. 예를 들어 비타민 A는 눈에 꼭 필요한 영양소입니다. 어린이에게 비타민 A가 모자라면 눈이 머는 시각 장애가 생기지요.

  굶주림이 계속되면 그동안 보관해 둔 탄수화물과 지방뿐만 아니라 단백질까지 꺼내서 에너지를 내는 데 쓰게 됩니다. 단백질은 원래 몸의 기관들을 구성하는 영양소예요. 그런 단백질을 에너지를 만드는 데 써 버리면 단백질이 자기 역할을 못 해서 위험한 일이 생길 수 있습니다. 예를 들어 몸에 상처가 났을 때 잘 아물지 않고, 이런저런 병에 쉽게 걸리며, 병에 걸리면 잘 낫지도 않는답니다.

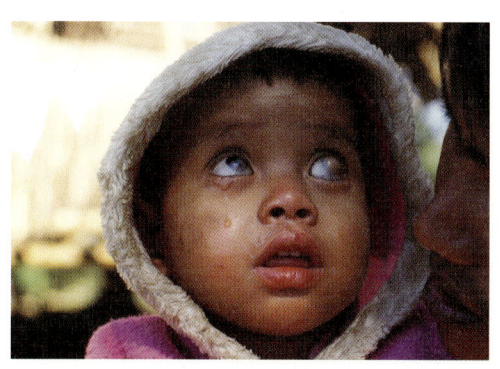

영양 있는 음식을 충분히 먹지 못하면 비타민 A가 모자라서 눈이 멀 수 있습니다

키워드　　영양소　　에너지　　기근
　　　　　　비타민 A　　시각 장애

유전자 변형 식품이 뭐예요?

슈퍼 옥수수에 대해 들어 보았나요? 이것은 해충의 공격을 받아도 잘 죽지 않고 튼튼하게 자라는 특별한 옥수수입니다. 어떻게 만들어 냈을까요? 옥수수의 세포 속에 있는 유전자라는 물질에 과학적인 방법으로 변화를 주어서 새로운 품종의 옥수수를 만들어 낸 것이에요. 그래서 이런 옥수수를 '유전자 변형 농산물'이라고 부릅니다. 그리고 유전자 변형 농산물로 만든 식품을 유전자 변형 식품이라고 하지요.

찬성과 반대

옥수수 말고도 벼, 콩, 밀 등에도 유전자 변형 농산물이 많습니다. 왜 이런 농산물을 재배하는 것일까요? 유전자 변형 농산물은 병에 잘 걸리지 않고 알곡도 굵은 편입니다. 그래서 농약을 조금만 쳐도 되고 아주 많은 양을 수확할 수 있지요. 수확량이 많으면 더 많은 사람이 나눠 먹을 수 있으니 굶주리는 사람도 줄어들 것입니다. 이런 이유 때문에 과학자들은 유전자 변형 기술이 앞으로 식량 문제를 해결해 줄 거라고 주장합니다.

그런데 유전자 변형에 대해 반대하는 사람도 많습니다. 그들은 유전자 변형 기술이 자연의 흐름을 거슬러서 자연환경이 파괴될 거라고 말합니다. 또 유전자 변형 식품을 많이 먹으면 건강에 나쁜 영향을 끼칠 거라고 주장합니다.

실험실에서 유전자 변형 씨앗을 싹틔워 기르고 있습니다.

벼의 알곡이 여물어 갑니다.

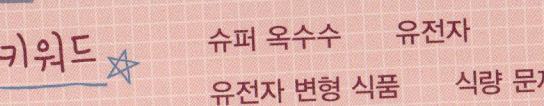

키워드 ✦ 슈퍼 옥수수   유전자
         유전자 변형 식품   식량 문제

유전자 변형 밀은 해충이 공격해도
튼튼하게 자라며 알곡이 많이 맺힙니다.

왜 자꾸만 뚱뚱해질까?

오늘날 전 세계 어린이들을 괴롭히는 문제가 있습니다. 바로 몸이 뚱뚱해지는 비만 때문에 겪는 문제입니다. 비만한 어린이는 건강이 나빠지기 쉽습니다. 평균 몸무게에서 20퍼센트 이상 더 나가면 비만한 거라고 의사들은 말합니다. 예를 들어 열 살 여자아이의 평균 몸무게가 30킬로그램이라면 36킬로그램 이상 되는 여자아이는 비만이라는 말입니다.

비만

오늘날은 비만한 사람이 많습니다. 몸을 잘 움직이지 않고 몸에 좋지 않은 음식을 많이 먹기 때문이지요. 미국 같은 부유한 나라의 아이들은 바깥에서 뛰어노는 시간이 적고, 지방과 설탕이 많은 음식을 자주 먹습니다. 그래서 어려서부터 뚱뚱하게 자라는 아이들이 많답니다.

인도에서는 시골에서 살다가 도시로 이사 간 사람 중에 몸무게가 늘어난 사람이 많다고 합니다. 왜 그런 것일까요? 도시에서는 다양한 식품을 쉽게 구할 수 있으니 시골에서보다 많이 먹게 된 것입니다. 또 도시 사람들은 밖에서 땀 흘려 일하기보다 사무실 안에서 일하는 경우가 많기 때문이지요.

뚱뚱할수록 운동을 많이 해야하는데, 뚱뚱할수록 운동을 싫어하는 어린이가 많습니다.

트랜스 지방

지방에는 몸에 좋은 지방도 있고 나쁜 지방도 있습니다. 크림, 버터, 고기, 동물성 기름 등에 들어 있는 포화 지방은 몸에 좋지 않습니다. 포화 지방보다 더 나쁜 지방은 트랜스 지방이에요. 트랜스 지방은 액체인 식물성 기름을 고체로 만들기 위해 수소를 집어 넣을 때 만들어집니다.

햄버거, 피자 같은 패스트푸드 가게에서는 트랜스 지방을 이용해 요리를 합니다. 따라서 패스트푸드를 많이 먹으면 뚱뚱해지기 쉽고, 피의 흐름을 방해하는 나쁜 콜레스테롤이 많아져서 건강을 해치게 된답니다.

제이미 올리버

유명한 요리사 제이미 올리버는 비만 문제를 해결하려고 많은 활동을 하고 있습니다. 그는 영국과 미국의 학교 급식에서 영양 많은 재료로 요리하도록 이끌었습니다. 음식을 대하는 아이들의 태도를 올바르게 바꿔 주기 위해서지요.

지나치게 뚱뚱한 어린이는 나이가 들어서도 계속해서 무서운 병에 걸릴 위험이 있습니다. 심장병이나 당뇨에 걸리기도 하고, 간과 쓸개가 망가지기도 합니다. 혈압이 높아지고, 피 속에 나쁜 콜레스테롤이 쌓이고, 천식이나 불면증으로 고생할 수도 있습니다.

제이미 올리버는 학생들이 맛있게 먹고 건강해질 수 있도록 급식 식단을 짜 주었습니다. 어린이들이 당근을 맛있게 먹을 수 있게 요리했지요.

올리버의 활동 덕분에 아이들에게 좋은 변화가 생겼습니다. 올리버가 권하는 식단대로 급식을 먹은 아이들은 학교 성적이 높아지고, 아파서 조퇴하거나 결석하는 날도 줄어들었답니다.

설탕 줄이기 운동

어린이들에게 설탕이 든 음료수를 팔지 말자고 주장하는 사람들이 있습니다. 그들이 모여서 만든 모임을 '액션 온 슈거'라고 합니다. 그들은 설탕이 든 음료수가 비만이라는 유행병을 부추기고 있다고 말합니다.

설탕이 많이 든 음식은 달지만 건강에 해롭습니다. 그런데 네 살에서 열 살까지 되는 아이들은 단맛을 무척 좋아하지요. 그 아이들이 먹는 설탕 중에 29퍼센트는 과자나 케이크를 통해 먹는다고 합니다. 따라서 과자나 케이크 회사에서 설탕을 조금만 쓴다면 아이들의 건강이 훨씬 나아질 것입니다.

키워드 ☆　　비만　　포화 지방　　트랜스 지방
　　　　　　　심장병　　당뇨

너무 말라도 걱정이에요

뚱뚱하지도 않은데 자기가 뚱뚱하다고 생각하며 자꾸 굶는 사람이 있습니다. 반대로 어떤 사람은 거의 매일 배탈이 나도록 엄청나게 많이 먹습니다. 너무 굶거나 폭식하는 날이 계속되면 몸과 마음에 병이 생깁니다. 이렇게 먹는 것을 조절하지 못해서 생기는 병을 섭식 장애라고 해요. 섭식 장애에 걸리면 자기가 배고픈지, 배부른지도 잘 모를 수가 있습니다.

거식증

살찔까 봐 걱정하며 날마다 아주 조금씩만 먹는 사람이 있는데, 이런 사람은 거식증이라는 섭식 장애에 걸리기 쉽습니다. 거식증에 걸리면 몸에 영양이 부족해져서 활기차게 생활하지 못하고, 나중에는 심각한 병에 걸리거나 목숨까지 잃을 수 있습니다.

거식증에 걸리는 이유는 복잡합니다. 자기가 아주 말라야만 예뻐지고 사랑받을 거라는 생각 때문에 거식증에 걸리는 사람도 있습니다. 마음에 큰 상처를 입고 입맛을 잃은 사람도 거식증에 걸리기 쉽습니다.

폭식증

날마다 엄청나게 많이 먹는 사람은 폭식증이라는 섭식 장애에 걸릴 수 있습니다. 폭식증 환자는 폭식을 한 다음 더 뚱뚱해질까 봐 억지로 토하거나 설사약을 먹곤 합니다. 그러다 보면 몸살이 나기도 하고, 토할 때 위산이라는 물질이 함께 올라와서 이가 썩기도 하고, 여러 가지 문제가 생깁니다.

섭식 장애가 있는 소녀들은 음식을 먹은 뒤에 일부러 토하기도 합니다.

빼빼 마른 모델

오늘날에는 젓가락처럼 야위어야 예쁘다고 여기는 사람이 많습니다. 텔레비전에 나오는 연예인이나 모델이 모두 날씬하고 예뻐서 더욱 그렇게 생각하게 되지요. 상품 광고나 패션 잡지에도 여자든 남자든 대부분 비쩍 마른 사람들이 나옵니다.

그래서 많은 젊은 여자들이 점점 더 마른 몸을 갖기 위해 노력합니다. 요즘에는 무리하게 살을 빼다가 섭식 장애에 걸리는 소년들도 있습니다.

비쩍 마른 모델들은 영양 부족으로 건강을 잃기 쉽습니다. 모델들은 규칙적으로 건강 검진을 받아서 건강 관리를 해야 합니다.

섭식 장애를 없애자

프랑스, 이탈리아, 미국, 영국의 패션 회사들은 섭식 장애를 없애기 위해 애쓰고 있습니다. 패션 모델들이 다이어트를 하다가 섭식 장애에 걸리는 일이 많기 때문입니다. 게다가 비쩍 마른 모델들 때문에 자라나는 아이들까지 위험한 다이어트를 하는 일이 많습니다.

    패션 회사들은 어떤 방법으로 섭식 장애를 없애고 있을까요? 그들은 모델에게 건강 검진을 받게 하고, 건강하지 못한 모델은 패션쇼에 나가지 못하게 합니다. 스페인에서는 옷 가게 마네킹을 조금 더 통통하게 만들도록 권하고 있습니다.

옷 가게 마네킹처럼 빼빼 말라야만 예쁘다고 생각하는 사람들이 많습니다.

키워드 ✯

섭식 장애
거식증
폭식증   위산

목숨을 앗아 가는 말라리아

몸에 갑자기 높은 열이 나는 것은 위험한 신호입니다. **고열**이 나는 병은 여러 가지가 있는데 그중에 **말라리아**라는 병이 있습니다. 말라리아에 걸리면 갑자기 열이 치솟고 구토와 설사를 하고, **빈혈**이 나서 어지럽거나 머리가 아프기도 합니다. 말라리아는 사람들이 수천 년 전부터 앓아 온 병으로, 빨리 치료하지 않으면 순식간에 목숨을 잃을 수도 있답니다.

말라리아

　말라리아 병을 일으키는 것은 말라리아 병원충이라는 기생충입니다. 기생충이란 남의 몸에서 영양분을 빨아 먹으며 사는 벌레를 말하지요. 말라리아 병원충은 암컷 모기의 몸속에 있다가 그 모기가 사람을 물면 사람 몸으로 들어갑니다. 이렇게 모기를 통해 말라리아가 사람에게 전염되는 것이에요.

　말라리아 병원충은 아프리카처럼 일 년 내내 더운 나라에 많이 삽니다. 추운 겨울이 있는 나라에서는 말라리아 병원충이 금방 죽고 말지요. 그래서 한국에서는 말라리아에 걸려도 심하게 아프지 않고 금방 낫는 사람이 많답니다.

　말라리아는 무서운 병이지만 아직까지 강력한 치료약이 나오지 않았습니다. 지금도 전 세계적으로 해마다 약 3억 명이 말라리아에 걸리고, 그 가운데 100만 명 정도가 죽음에 이른다고 합니다.

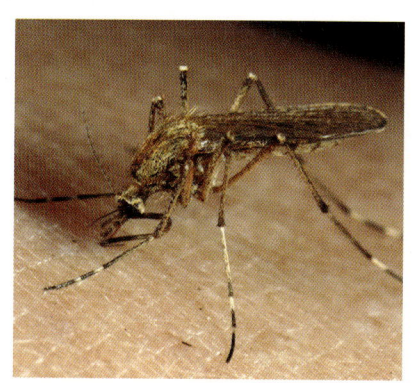

키워드

고열　　말라리아
빈혈
말라리아 병원충
기생충　　전염

앗, 따가워! 모기다

모기는 침처럼 뾰족한 입으로 사람의 피부를 뚫고 들어가 피를 빨아 먹습니다. 덥고 습한 날씨를 좋아해서 여름에 활발히 활동하고, 보통은 밤에 사람 주변을 맴돌며 물곤 하지요. 모기에 물리지 않으려면 밤에 모기가 많은 곳에 가지 않도록 하고, 잠을 잘 때 모기장을 치는 것도 좋습니다.

말라리아를 옮기는 모기

말라리아 병원충이 있는 모기가 사람을 물면 그 병원충이 모기의 침에서 사람의 피로 헤엄쳐 들어갑니다. 피 속에 들어간 병원충은 적혈구를 깨트립니다. 적혈구는 몸 곳곳으로 산소를 운반해 주는 역할을 하는데, 바로 이 적혈구가 깨질 때 고열이나 빈혈 같은 증상이 나타납니다.

모기는 따뜻하고 습한 날씨를 좋아합니다. 추운 날씨가 많은 유럽의 여러 나라는 말라리아 병이 거의 생기지 않아요. 하지만 자연환경이 파괴되어 지구의 온도가 올라가는 지구 온난화가 심해지면 유럽에서도 말라리아로 고생할지 모릅니다.

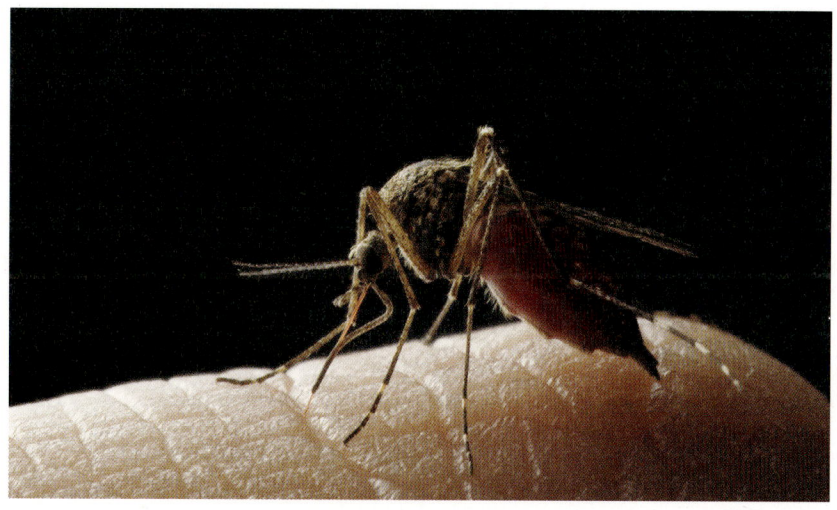

모기가 피부를 뚫고 들어가 피를 빨아 먹어요.

모기에 물리지 않으려면 모기장을 치고 자도록 하세요.

말라리아 병원충과의 싸움

말라리아 병원충을 물리치기 위해 사람들은 다음과 같은 방법을 쓰고 있습니다.

1. 모기 애벌레가 사는 물웅덩이에 **살충제**를 뿌립니다. 또는 웅덩이에 고인 물을 빼서 늪을 없애면 모기 애벌레가 줄어듭니다.
2. 살충제를 뿌린 모기장을 치고 잡니다.
3. 강력한 말라리아 치료약을 연구하고 있습니다. 말라리아 병원충은 생명력이 매우 강해서 지금까지 개발한 약으로는 잘 죽지 않습니다.
4. 과학자들은 모기의 유전자를 변형해서 말라리아 병원충이 살지 못하는 모기를 개발하고 있습니다. **유전자 변형 모기**를 풀어 놓으면 말라리아 병원충을 옮기는 모기들이 줄어들 것입니다.

모기가 늘어나지 않도록
살충제를 뿌리고 있습니다.

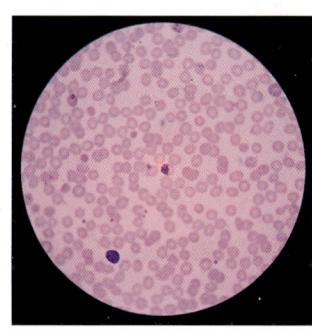

말라리아 병원충이
피 속의 적혈구를
파괴합니다.

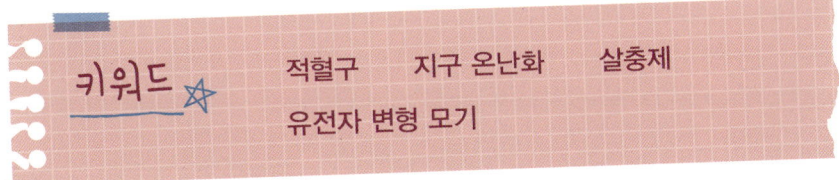

키워드 적혈구   지구 온난화   살충제
        유전자 변형 모기

더러운 물이 불러오는 병

더러운 물을 마시고 더러운 물로 몸을 씻으면 여러 가지 병을 앓게 됩니다. 사람들이 쓰고 버린 더러운 물인 하수를 깨끗한 물로 바꾸는 것을 정화라고 합니다. 정화는 우리의 건강을 위해서 반드시 해야 하는 일입니다. 그러나 가난한 지역에서는 정화 시설이 없어서 고생하는 사람이 많습니다. 전 세계 사람 가운데 5분의 1은 깨끗한 물을 마시지 못한다고 합니다.

콜레라

콜레라는 매우 작은 생명체인 세균이 일으키는 병입니다. 콜레라를 일으키는 세균인 콜레라균은 사람의 배 속에 있는 소장에서 삽니다. 사람이 똥을 누면 소장에 있던 콜레라균도 똥과 함께 빠져나옵니다. 만일 이 똥이 물로 흘러들면 그 물은 콜레라균으로 더러워지게 되지요. 이 더러운 물을 깨끗하게 정화하지 않으면 어떻게 될까요? 그 물을 쓰는 지역에 콜레라균이 퍼지게 되겠지요.

콜레라균이 몸에 들어오면 설사를 심하게 합니다. 설사를 계속 하면 몸에 물이 부족해지는 탈수 증상이 생겨서 건강이 위험해집니다. 오늘날 해마다 500만 명 이상이 콜레라에 걸리고, 그 가운데 10만 명이 목숨을 잃는다고 합니다.

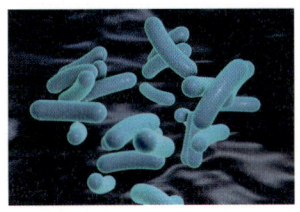

더러운 물에서 잘 퍼지는 콜레라균

어떤 곳에서는 깨끗한 물이 없어서 강이나 계곡 물을 마시기 때문에 콜레라 같은 세균성 질병에 잘 걸립니다.

하수구나 정화 시설을 튼튼히 만들어 놓지 않으면 더러운 물 때문에 병에 걸리기 쉽습니다.

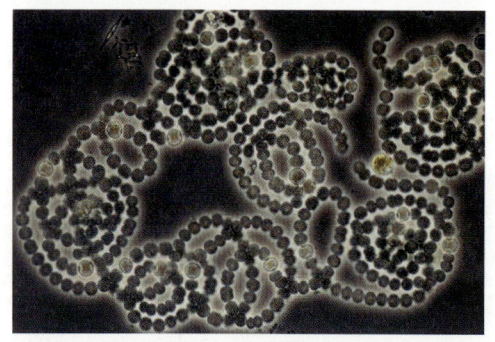

더러운 물에서 자라는 세균인 아나베나.
아나베나로 오염된 물은 사람이나 동물의 간세포에
문제를 일으킵니다.

결핵

전 세계에서 해마다 약 300만 명의 사람이 결핵에 걸려 죽고 있습니다. 결핵은 음식을 충분히 먹지 못하고 지저분한 환경에서 살아가는 사람이 잘 걸립니다. 콜레라처럼 세균이 일으키는 전염병이지요.

결핵을 옮기는 세균인 결핵균은 공기 중에 있는 아주 작은 물방울 속에 있습니다. 사람이 숨을 쉬며 공기를 들이마시면 결핵균도 함께 들어오지요. 이 결핵균은 폐 같은 장기에 침입해 병을 일으킵니다.

지금은 효과적인 치료약이 생겨서 결핵으로 죽는 사람이 많이 줄어들었습니다. 하지만 아프리카와 아시아의 몇몇 나라에는 치료약보다 더 강력한 결핵균이 널리 퍼져 있습니다. 어떤 지역은 전체 인구 가운데 80퍼센트가 결핵균을 안고 살아가고 있답니다.

키워드 ☆　　하수　　정화　　콜레라　　콜레라균
　　　　　　　탈수　　결핵　　전염병　　결핵균

깨끗한 물, 귀중한 물

우리는 깨끗한 물에 대한 고마움을 잘 모릅니다. 수도꼭지를 틀기만 하면 깨끗한 물이 나오니까요. 어떤 곳에서는 수돗물이 아주 깨끗해서 끓이지 않고 마셔도 된답니다. 혹시 여러분도 이런 곳에서 살고 있나요? 그렇다면 여러분은 정말 행운아예요! 오늘날 전 세계 사람 중 85퍼센트가 물이 부족한 곳에서 살고 있고, 10퍼센트인 7억 8,300만 명은 깨끗한 물을 못 쓰고 있습니다. 그리고 세계 인구 중 3분의 1은 화장실도 없이 살아간답니다.

물에 대한 여러 가지 사실

- 형편없는 정화 시설 때문에 1억 6,000만 명 어린이의 장 속에 병을 일으키는 세균과 기생충이 살고 있습니다.
- 해마다 200만 명이 더러운 물을 마시고 심한 설사로 고생하다가 죽습니다.
- 아프리카와 아시아의 많은 여자들이 날마다 6킬로미터를 걸어가 20킬로그램의 물을 길어 옵니다.

깨끗한 물을 길어 오려고 날마다 멀리까지 걸어가는 사람들도 있습니다.

어떤 곳에서는 깨끗한 물이 너무 귀해서 한 방울도 조심히 써야 합니다.

지하수

어떤 곳은 땅을 깊이 파면 흙이나 바위 틈에 물이 들어 있습니다. 이런 땅속의 물을 지하수라고 해요. 사람들은 지하수를 길어 올리기 위해 땅을 파서 우물을 만들곤 하지요.

지하수가 들어 있는 지층을 대수층이라고 하고, 대수층 표면을 '지하수면'이라고 합니다. 대수층을 이룬 바위는 구멍이 많이 뚫려 있는데 이런 바위를 다공성 암석이라고 합니다. 다공성 암석은 스펀지처럼 물을 빨아들이는 성질이 있어서 비가 오면 이 암석이 있는 곳에 물이 고이게 됩니다. 사막 곳곳에는 석회암으로 된 언덕이나 산 아래에 지하수가 모여 저장되는 공간이 있습니다.

대수층에서 올라온 물이 언덕 밑의 샘으로 떨어집니다.

물을 이용하는 방법

가난한 지역 사람들을 돕는 자선 단체인 '프랙티컬 액션'은 가난한 사람들이 더 나은 생활을 하도록 교육을 하고 여러 가지 기술을 가르칩니다. 깨끗한 물을 마실 수 있도록 물을 보관하거나 이용하는 방법도 알려 줍니다. 농사를 잘 지을 수 있도록 논밭에 물을 대는 방법인 관개 기술에 대해서도 가르쳐 줍니다. 그 밖에도 농부들이 더 능률적으로 일할 수 있도록 많은 도움을 준답니다.

키워드 지하수 대수층 다공성 암석 자선 단체 관개 기술

에이즈는 왜 무서운 병일까?

에이즈는 무서운 병으로 손꼽히는 병 중 하나입니다. 인간 면역 결핍 바이러스라는 바이러스에 감염되어 면역력을 잃었을 때 생기는 병이지요. 면역력이란 몸에서 스스로 병을 물리치는 능력을 말합니다. 면역력을 완전히 잃은 사람은 가벼운 병에 걸려도 이겨 내지 못하고 죽음에 이르고 맙니다.

에이즈에 왜 걸릴까?

'인간 면역 결핍 바이러스'를 영어 약자로 HIV라고 하고, HIV에 감염된 사람을 'HIV 보균자'라고 합니다. HIV 보균자는 치료약을 꾸준히 먹으며 건강을 잃지 않도록 노력해야 합니다. 그러면 보통 사람처럼 오래 살 수 있지만, 그러지 못하면 에이즈에 걸려서 목숨을 잃을 수 있습니다.

사람은 어떻게 HIV 바이러스에 감염될까요? HIV 보균자와 성 관계를 했을 때, 또는 HIV 보균자의 피를 수혈받았을 때 감염되기 쉽습니다. HIV 보균자가 아기를 낳아 젖을 먹일 때 아기에게 HIV를 옮기기도 합니다. 또는 다른 사람이 썼던 주삿바늘로 주사를 맞았을 때 HIV가 생길 수도 있습니다.

부모가 에이즈에 걸려서 세상을 떠나자 할머니가 손자 손녀들을 키우고 있습니다.

무섭게 퍼지는 에이즈

병과 건강에 대해 연구하는 의학자들은 HIV가 에이즈를 일으킨다는 사실을 겨우 30여 년 전인 1983년에 알아냈습니다. 그전에는 에이즈가 어떻게 생기는지 잘 알지 못했지요. 에이즈의 원인을 알아냈지만 지금도 에이즈는 무섭게 퍼지고 있습니다. 전 세계에 HIV 보균자가 약 3,500만 명 있는데, 그 가운데 250만 명이 어린아이들이랍니다.

에이즈를 물리칠 수 있을까?

의학자들은 좀 더 효과적인 에이즈 치료약을 개발하기 위해 열심히 연구하고 있습니다. 그 덕분에 HIV에 감염되고도 에이즈에 걸리지 않고 오래도록 사는 사람도 많습니다. 하지만 아직까지도 에이즈를 말끔히 치료하는 약은 없습니다.

세계 평화를 위해 만든 국제 기구인 **국제연합**은 2030년까지 에이즈를 완전히 없애겠다는 목표를 세웠습니다. 하지만 아프리카에는 에이즈가 이미 널리 퍼졌고, 에이즈를 몰아 내는 일이 점점 더 어려워지고 있습니다. HIV라는 바이러스가 너무나 강하고, 치료약은 효과가 약하기 때문이에요. HIV 보균자가 갈수록 늘어나고 있어서 전 세계 의학자들은 에이즈 퇴치 문제로 큰 고민에 빠졌답니다.

에이즈 예방법

에이즈에 걸리지 않으려면 남이 썼던 주삿바늘을 쓰지 말아야 합니다. 또 어른이 되어 HIV 보균자와 성 관계를 하게 된다면, HIV에 옮지 않도록 조심해야 합니다. 만약 HIV에 감염되었다면 치료약을 꾸준히 먹으며 이 바이러스가 더 이상 퍼지지 않도록 신경 써야 합니다.

에이즈로 부모를 잃은 우간다의 어린이들이 선생님과 함께 마을 정원을 가꾸러 나왔습니다.

키워드 ★　　에이즈　　인간 면역 결핍 바이러스
　　　　　면역력　　수혈　　국제연합

병을 옮기는 세균과 바이러스

메티실린 내성 황색 포도상구균이라는 긴 이름을 가진 세균이 있습니다. 영어 약자로는 MRSA라고 하지요. MRSA 세균은 평소에 사람의 콧속과 입속, 또는 피부 위에서 살아갑니다. 이때는 사람에게 아무런 피해를 주지 않아요. 그런데 이 세균이 사람의 몸속으로 들어가면 위험한 일이 벌어집니다. 이런 일은 병원에서 자주 일어나지요. 환자의 몸에 관을 꽂을 때 MRSA 세균이 들어가기도 하고, 상처가 난 곳으로도 쉽게 들어갑니다.

슈퍼 박테리아

아무리 강력한 약을 써도 죽지 않는 세균을 슈퍼 박테리아라고 합니다. MRSA 세균도 슈퍼 박테리아입니다. 병원에서는 슈퍼 박테리아가 생기지 않도록 언제나 깨끗한 환경을 만들어야 합니다. 만일 이 박테리아가 나타나면 더 이상 퍼지지 않도록 재빨리 막아야 해요. 그러지 않으면 슈퍼 박테리아가 순식간에 사람의 건강을 해치게 된답니다.

의학자들은 나쁜 세균을 죽이는 약인 항생제를 열심히 개발하고 있습니다. 하지만 점점 더 생명력이 강한 세균들이 생겨나서 항생제를 써도 잘 죽지 않는답니다. 이런 세균을 죽이기 위해 '메티실린'이라는 강력한 항생제를 개발했습니다. 그런데 메티실린의 공격에도 끄떡없는 세균이 있는데, 이런 세균을 MRSA 세균이라고 합니다.

항생제 사용법

세균이 항생제를 이겨 내는 힘인 '내성'이 생기는 이유는 무엇일까요? 첫째, 병을 치료하는 데 항생제를 쓸데없이 자주 쓰기 때문입니다. 둘째, 환자들이 항생제를 자기 맘대로 먹다가 말다가 하기 때문입니다.

항생제는 반드시 의사의 지시대로 정해진 기간 동안 규칙적으로 먹어야 합니다. 항생제 없이도 나을 수 있는 병에는 항생제를 쓰지 말아야 합니다. 그러지 않으면 항생제의 효과가 점점 더 떨어져서 나중에는 매우 강력한 항생제를 써도 세균이 죽지 않게 된답니다.

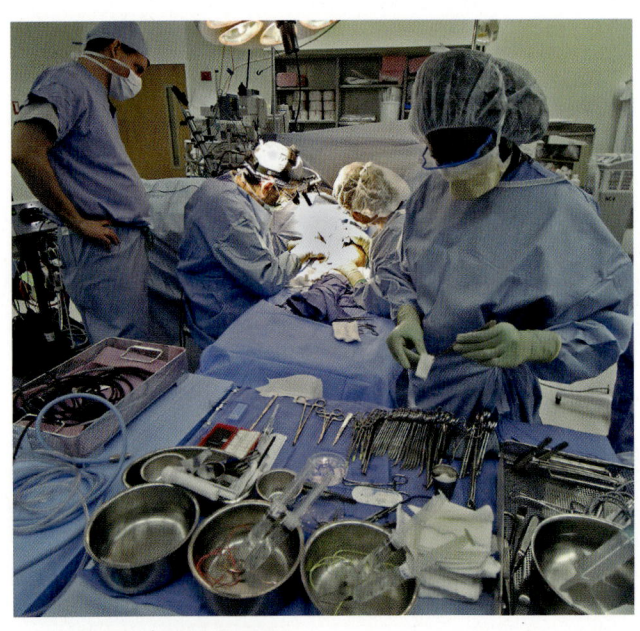

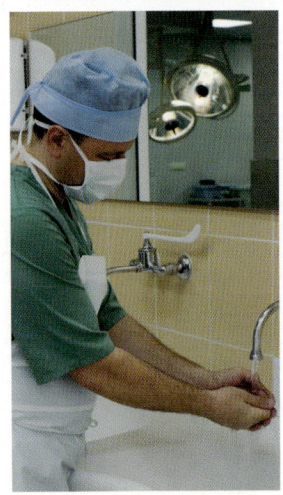

수술실은 세균이 활동하지 못하도록 소독을 철저히 해야 합니다.

신종 바이러스

여러분은 혹시 신종 플루에 걸려 보았나요? 신종 플루는 오늘날 새로 생겨난 매우 위험한 독감입니다. 신종 플루 환자가 나타나면 재빨리 치료해서 병을 옮기는 바이러스를 깨끗이 없애야 합니다. 그러지 않으면 신종 플루 바이러스가 전 세계로 퍼져 나가 많은 사람이 목숨을 잃을 수 있습니다.

신종 플루처럼 옛날에는 없었던 병이 왜 오늘날 생겨나는 것일까요? 바이러스는 환경에 따라 쉽게 변하는 돌연변이 성질이 있습니다. 그래서 자꾸만 새로운 바이러스가 생겨나고, 그 바이러스에 따라 새로운 병이 생겨나는 것이지요.

의학자들은 새로운 바이러스가 나타나면 그 바이러스를 없애는 치료약을 개발합니다. 그런데 1918년에서 1919년 사이에 유행한 독감 바이러스는 치료약이 없어서 전 세계에서 약 5,000만 명이 죽었답니다.

조류 독감

조류 독감은 닭이나 오리, 새들 사이에 번지는 유행병입니다. 이 병을 일으키는 조류 바이러스는 원래 사람에게 해를 끼치지 않습니다. 그런데 얼마 전 생긴 조류 독감은 몇몇 사람에게 옮았고, 그중에는 목숨을 잃은 사람도 있었습니다.

조류 독감이 왜 사람에게 옮았는지는 아직 분명히 밝혀지지 않았습니다. 언젠가는 조류 독감 바이러스와 인간 독감 바이러스가 만나서 완전히 새로운 바이러스가 생겨날지도 모릅니다. 그렇게 되면 전 세계가 새로운 유행병으로 공포에 휩싸일 것입니다.

조류 독감에 걸린 동물은 살처분해서 바이러스가 번지지 않도록 예방합니다.

지카 바이러스

지카 바이러스는 낮에 활동하는 숲모기가 퍼뜨리는 바이러스입니다. 아프리카 우간다에 있는 지카 숲에서 1950년쯤에 이 바이러스를 처음 발견했지요.

지카 바이러스는 원래 아프리카와 아시아의 덥고 습한 지역에서 나타난다고 알려졌습니다. 그런데 요즘에는 아메리카 대륙까지 이 바이러스가 퍼졌고, 앞으로 지구 전체적으로 지카 바이러스가 유행할지도 모릅니다.

안타깝게도 지카 바이러스를 없애는 약은 아직 나오지 않았습니다. 그래서 모기가 알을 낳는 곳에 살충제를 뿌리는 방법으로 지카 바이러스를 예방하고 있습니다.

에볼라 바이러스

에볼라 바이러스에 감염되면 고열이 나면서 매우 빠르게 전염됩니다. 2013년에서 2015년 사이에 서아프리카에서 에볼라 바이러스가 유행해 수천 명이 죽었습니다. 그때 피해가 엄청난 지역에는 응급 의료 단체가 달려가 도움을 주었습니다. 지금은 에볼라 바이러스가 많이 잦아들었지만, 아직도 깨끗이 없어진 것은 아닙니다.

키워드 ✰ 메티실린 내성 황색 포도상구균 슈퍼 박테리아   항생제   신종 플루 돌연변이   조류 독감   지카 바이러스 에볼라 바이러스

어떻게 병을 물리칠까?

어떤 병은 한 번 앓고 나면 다시는 그 병에 잘 걸리지 않습니다. 병을 앓는 동안 그 병과 싸워 이기는 물질인 항체가 몸에 생겼기 때문이에요. 몸에 항체가 생기면 병을 잘 물리친다는 사실은 약 200년 전에 밝혀졌습니다. 그 사실을 알아낸 사람은 영국의 유명한 의사 에드워드 제너랍니다.

예방 주사

우리는 병에 걸리지 않도록 예방 주사를 맞습니다. 예방 주사에는 힘이 아주 약한 바이러스나 세균이 들어 있습니다. 예방 주사를 맞아서 바이러스가 몸에 들어오면 우리는 그 바이러스와 싸워서 이겨 냅니다. 한 번 이기고 나면 다음에 똑같은 바이러스가 들어왔을 때 거뜬히 물리칠 수 있어요. 바이러스와 싸우는 동안 몸에 항체가 생겼기 때문이지요. 이런 식으로 몸에 항체를 만들어 주는 물질을 백신이라고 부릅니다.

백신 개발

예방 주사를 맞았다고 해서 모든 병을 이기지는 못합니다. 게다가 새로운 바이러스와 세균이 계속해서 생겨나고 있고, 어떤 바이러스는 예방 주사도 소용없을 만큼 힘이 셉니다. 또 어떤 바이러스는 돌연변이를 일으켜서 완전히 새로운 바이러스가 되기도 합니다. 의학자들은 이런 바이러스를 물리칠 새로운 백신을 만들기 위해 끊임없이 연구하고 있습니다.

의학자들은 새로운 백신을 개발해 전염병을 예방합니다.

신약

세균과 바이러스의 힘이 세질수록 의학자들은 더 열심히 새로운 백신과 치료약을 개발합니다. 어떤 약은 병을 치료하면서 환자의 몸에 생각지 못한 해로움을 주기도 합니다. 신약을 만들 때는 이러한 부작용이 나타나지 않는지 꼼꼼하게 조사하고 시험해 봐야 합니다.

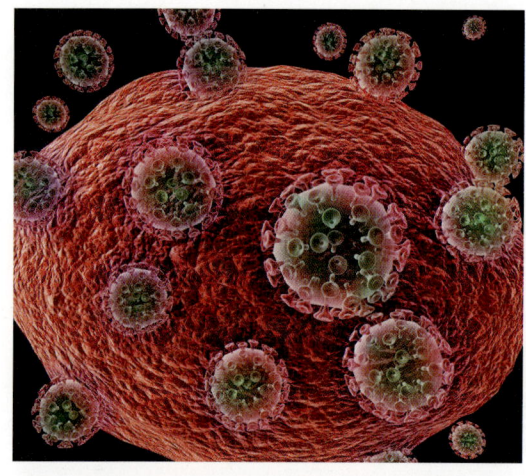

'인간 면역 결핍 바이러스'에 감염된 사람 중 수백만 명이 에이즈에 걸려 죽었습니다.

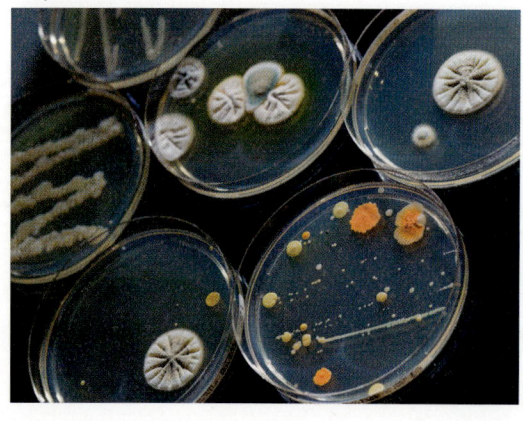

현미경으로 들여다본 세균은 동그랗거나 지렁이처럼 길쭉하며, 표면이 매끄럽습니다.

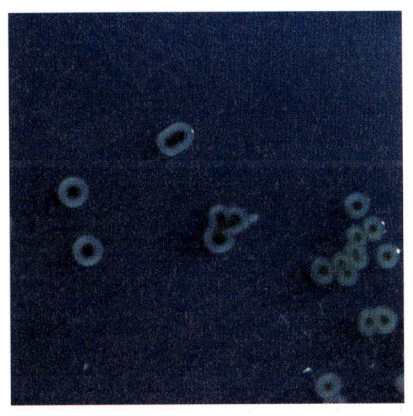

살모넬라균은 익히지 않은 생고기에서 자라는 세균입니다.

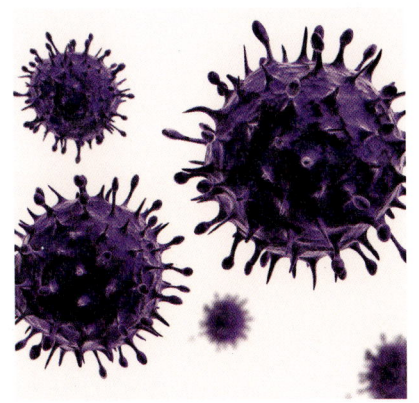

어떤 바이러스는 공처럼 둥근 몸에 여러 개의 팔을 뾰족뾰족 내밀고 있습니다.

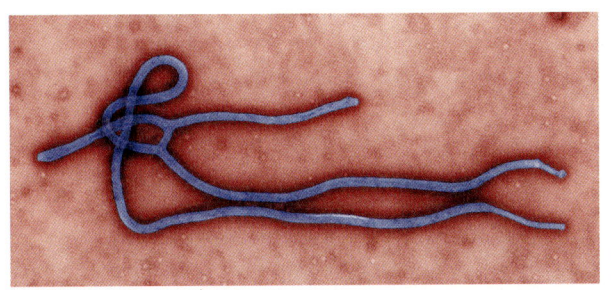

에볼라 바이러스는 콩고민주공화국에 있는 에볼라 강에서 처음 발견되었습니다.

키워드 ☆ 항체   예방 주사   바이러스
         세균   백신   신약

의사가 필요 없는 민간 요법

병원이 없던 옛날에는 큰병에 걸리면 악마가 몸에 들어왔다고 여기고 신에게 기도하거나 제사를 지냈습니다. 그러나 이 방법으로는 병이 잘 낫지 않았어요. 기원전 400년쯤에 그리스 의사 **히포크라테스**는 이 방법이 잘못됐다는 걸 깨닫고 병의 원인과 치료법에 대해 연구했습니다. 약 1000년에 페르시아 의사 이븐시나는 전염병의 원인과 예방법에 대해 알아내 전염병 연구에 큰 역할을 했습니다.

병을 낫게 하는 약초

세계인의 건강 지킴이인 세계보건기구에 따르면 아시아와 아프리카 사람 중 약 80퍼센트가 아플 때 약초를 먹는다고 합니다. 약초란 병을 치료하는 데 도움이 되는 식물을 말합니다.

약국에서 파는 약은 가난한 사람들에게 너무 비쌉니다. 전 세계 사람 중 절반은 하루에 2,000원보다 적은 돈으로 살아가거든요. 약국의 약과 달리 약초는 돈을 들이지 않고도 얻을 수 있습니다. 채소처럼 텃밭에서 기를 수도 있고, 들과 산에 가서 캐 올 수도 있습니다.

아팠을 때 약초 같은 재료로 치료하거나, 신에게 병을 낫게 해 달라고 기도하는 것을 민간 요법이라고 합니다. 그리고 민간 요법 치료를 전문적으로 하는 사람을 '민간 요법 치료사'라고 합니다.

히포크라테스

거리에서 약초를 팔고 있습니다.

여러 가지 말린 과일과 씨앗이 민간 요법에 쓰입니다.

민간 요법 치료사들이 식물로 약을 만들고 있습니다.

민간 요법 치료사가 아픈 아이의 병을 낫게 해 달라고 주문을 외고 있습니다.

키워드 히포크라테스　세계보건기구　약초　민간 요법

온몸을 건강하게

나이가 들수록 몸 이곳저곳이 함께 아프곤 합니다. 그런데 의사를 찾아가면 어느 한 부분만 집중적으로 치료해 주어요. 인도에는 어느 한 부분만 치료하는 게 아니라 몸 전체와 마음의 건강까지 다스리는 치료법이 있습니다. 바로 아유르베다 요법으로 오랜 옛날부터 인도에서 전해 내려오는 치료법이랍니다.

아유르베다 요법

아유르베다는 운동과 명상, 마사지, 영양 있는 식사 등으로 온몸의 건강을 다스립니다.

그중에 '운동'은 건강에 도움이 되면서 사람마다 흥미에 맞는 종목을 찾아서 합니다. 운동의 종목은 마라톤, 에어로빅, 춤, 축구, 테니스, 요가, 노 젓기 등 다양합니다. 운동 선수처럼 정식으로 경기를 치르기도 합니다. 즐겁게 운동하는 동안 저절로 활기가 생기고 끈기와 균형 감각 등이 길러집니다. 또 어떤 운동은 평화로운 마음을 안겨 주기도 합니다.

'아유르베다 마사지'는 뭉친 근육을 풀어서 통증을 없애 주고 온몸을 편안하게 만들어 줍니다.

'명상'을 하고 나면 몸과 마음이 편안하고 상쾌해집니다. 여러분도 바닥에 양반다리로 앉아 눈을 감은 다음 규칙적으로 숨을 들이쉬고 내쉬어 보세요. 처음에는 자꾸 이런저런 생각이 들지만, 숨 쉬는 데 집중하면 잡념이 사라지고 평화가 찾아옵니다.

'아유르베다 식사'는 소화가 잘되는 과일과 채소를 중심으로 합니다. 강황같이 향이 나는 식물로 향신료도 만들어 음식에 넣어 먹습니다. 향신료는 향이 강한 양념으로, 음식의 영양소가 온몸에 잘 전달되도록 도와주고, 병과 싸워 이기는 힘인 면역력을 키워 줍니다.

아유르베다 요법에서는 여러 가지 식물을 재배해 약초로 사용합니다. 요리를 할 때는 강황, 생강, 시나몬 같은 향신료를 갈아서 양념으로 사용합니다.

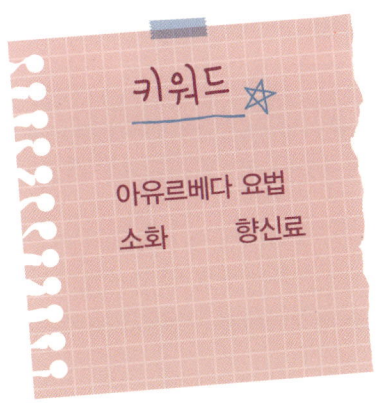

키워드

아유르베다 요법
소화   향신료

몸과 마음을 다스리는 요가

요가는 고요함과 부드러운 움직임을 중요하게 여기는 운동입니다. 요가를 하면 마음이 편안해져서 집중력이 높아지고 자신감도 생깁니다. 걱정과 고민이 생겨도 별로 괴롭지 않게 됩니다. 요가를 하는 동안 내 몸과 마음을 다스릴 수 있는 힘이 생기기 때문이지요.

연꽃 자세

요가 자세 중에 인도의 대표 꽃인 연꽃 이름을 딴 연꽃 자세가 있습니다. 활짝 피어 있는 연꽃을 보면 무척 고요하고 편안해 보입니다. 연꽃 자세로 오랫동안 앉아 있으면 마음이 어느새 연꽃처럼 차분해진답니다.

어린이들이 연꽃 자세로 요가를 하고 있습니다.

흙, 물, 공기, 불

연꽃은 이 세상을 이루고 있는 가장 기본적인 요소인 흙, 물, 공기, 불을 서로 연결해 준다고 합니다.

- 흙 – 연꽃이 진흙 속에 뿌리를 내립니다.
- 물 – 물속에서 줄기가 자라납니다.
- 공기 – 공기가 있는 물 위로 고개를 내밀고 꽃과 잎이 자랍니다.
- 불 – 태양을 보며 꽃이 활짝 피어납니다.

오래 사는 식물, 연꽃

연꽃의 꽃은 활짝 피었을 때 지름이 15에서 20센티미터쯤 됩니다. 씨앗은 1,000년 뒤에 심어도 싹을 틔울 만큼 생명력이 강합니다. 연근이라고 부르는 연꽃의 뿌리는 반찬으로 먹거나 약초로 이용합니다.

키워드

요가
연꽃 자세
연근

고통을 안겨 주는 중독

어떤 약은 잠깐 동안만 고통을 덜어 주고 나중에는 오히려 더 큰 고통을 줍니다. 그러므로 이런 약은 일반 사람들이 사용하지 못하도록 법으로 금지돼 있습니다. 그런데 어떤 사람들은 잠깐 동안 고통을 잊으려고 몰래 이런 약을 구해서 먹거나 주사로 몸에 넣습니다. 이런 약을 자꾸 먹다 보면 나중에는 중독이 되어 이 약이 없이는 살 수가 없으며, 몸과 마음까지 망가지게 됩니다.

중독되기 쉬운 약

1. 각성제

'엑스터시' 같은 **각성제**를 먹으면 기분이 매우 좋아지고 활기가 넘칩니다. 그런데 각성제를 자꾸 먹다 보면 오히려 우울하고 피곤하며, 심하면 목숨을 잃기도 합니다.

2. 항우울제

'바르비투르산염'은 우울하고 불안한 마음을 다스리는 약인 **항우울제**입니다. 그런데 이 약은 먹다가 그만두면 환자의 상태가 매우 나빠진다고 합니다. 그래서 의사는 환자의 상태를 꼼꼼히 살펴보고 이 약이 꼭 필요한 경우에만 먹게 합니다.

3. 환각제

'엘에스디(LSD)'나 '대마초' 같은 **환각제**가 몸에 들어오면 눈앞에 환상적인 장면이 보이고, 신비로운 소리나 느낌이 다가옵니다. 이런 경험이 즐거울 수도 있지만, 나중에는 몸과 마음이 크게 다칠 수 있습니다. 어린이나 청소년이 대마초를 피우면 뇌가 망가지기도 합니다.

4. 마약

'코카인'과 '헤로인' 같은 **마약**은 몸과 마음의 고통을 줄여 주지만, 그 효과는 곧 사라집니다. 그런데 그 기분을 한번 느껴 본 사람은 또다시 느끼고 싶어서 자꾸만 마약을 찾게 됩니다. 그러다 보면 심장이나 뇌 등에 고장이 나서 평생 고통과 싸우다가 죽음에 이릅니다.

알코올

어떤 나라에서는 물을 마시듯 술을 즐겨 마시지만, 음주를 법으로 금지한 나라도 있습니다. 술에 들어 있는 알코올 때문에 안 좋은 일이 많이 일어나기 때문이지요.

술을 마시면 판단력이 약해져서 보통 때는 하지 않던 위험한 행동을 하기 쉽습니다. 예를 들어 술에 취해 운전을 하면 조심하지 않고 마구 달리게 되지요. 그래서 음주 운전은 법으로 엄격하게 금지돼 있습니다.

술은 건강에도 좋지 않습니다. 술을 자주 마시는 사람은 심장과 간 등에 문제가 생깁니다. 또 몸에 영양소가 부족해져서 기력이 떨어지고 뇌세포가 줄어들며, 건망증으로 큰 불편을 겪기도 합니다.

술을 자주 마시면 폭력적으로 행동하기 쉽습니다.

마약 탐지견은 공항에서 여행 가방에 마약이 들었는지 알아내는 훈련을 받습니다.

술은 뇌에 곧바로 나쁜 영향을 줍니다.

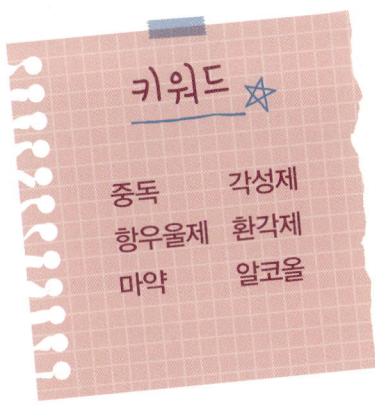

키워드

중독   각성제
항우울제   환각제
마약   알코올

79

폐를 공격하는 것들

담배 연기에는 건강을 해치는 화학 물질이 4,000개 이상 들어 있습니다. 게다가 이 화학 물질들이 서로 섞이면 일산화탄소, 니코틴, 타르 같은 더 위험한 물질이 생겨납니다. 이런 물질은 사람의 몸에 어떤 영향을 끼치는지 알아볼까요?

일산화탄소

사람은 숨을 쉬며 산소를 들이마십니다. 그러면 폐가 그 산소를 받아서 온몸의 피로 보내 줍니다. 그런데 담배를 많이 피우면 몸속에 일산화탄소가 생겨서 폐를 망가뜨립니다. 그러면 폐가 자기 역할을 제대로 못 하니 몸속의 산소가 부족해집니다.

우리 몸에 산소가 부족해지면 산소가 흐르는 핏줄에 문제가 생기고, 숨을 쉬기 힘든 호흡곤란이 생겨서 목숨까지 잃을 수 있습니다. 만약 아기를 밴 엄마가 담배를 피우면 엄마뿐만 아니라 배 속의 아기까지 아프게 된답니다.

부모가 담배를 피우면 옆에 있는 아이까지 담배 연기를 마시게 됩니다. 이것을 '간접흡연'이라고 합니다.

니코틴

담배에 들어 있는 물질 가운데 니코틴은 중독성이 매우 높습니다. 니코틴이 몸에 들어오면 잠깐 동안 스트레스가 날아가서 편안해집니다. 그래서 사람들은 자꾸만 담배를 피우고, 나중에는 니코틴에 중독되어 담배를 끊지 못하는 것입니다.

담배를 오래 피워서 니코틴이 몸에 쌓이면 피가 잘 흐르지 못하고 심장이 망가지면서 여러 가지 병에 걸립니다.

밭에서 담배 식물이 자라고 있습니다.

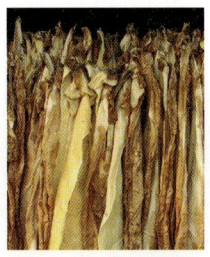
말린 담뱃잎을 갈아서 어른들이 피우는 담배를 만듭니다.

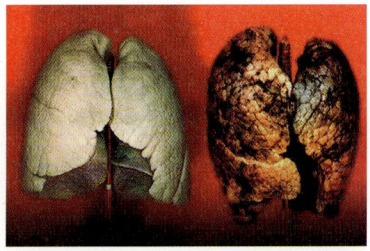
왼쪽은 건강한 사람의 폐이고, 오른쪽은 흡연자의 몸에 있던 병든 폐입니다.

타르

타르는 무언가를 태울 때 생겨나는 것으로, 담배 연기에서도 엄청나게 많이 나옵니다. 타르가 몸에 들어오면 폐에 달라붙어서 폐에 있는 섬모를 망가뜨립니다. 섬모는 털같이 생긴 것으로 오염 물질을 걸러 내는 역할을 하는데, 이 섬모가 망가지면 폐까지 고장 나게 되지요. 그래서 흡연자들은 폐암에 걸리기 쉽습니다.

타르는 폐와 입, 목뿐만 아니라 온몸의 세포를 공격합니다.

흡연에 대하여

- 암으로 죽는 사람이 줄어들고 있습니다. 여러 나라에서 금연 대책을 세워서 국민들이 담배를 끊을 수 있도록 도와주기 때문입니다.
- 하지만 중국 같은 몇몇 나라에서는 흡연자가 계속 늘어나고 있습니다. 중국의 젊은 남자들 중 3분의 2가 흡연자이고, 중국 담배 회사들은 젊은 여자들에게도 담배를 권한다고 합니다.
- 중국에서는 해마다 100만 명이 흡연 때문에 죽습니다. 머지않아 이 숫자는 300만이 될 거라고 합니다. 중국에는 담배의 해로움을 모르는 사람이 너무 많습니다.
- 20세기에 흡연으로 죽은 사람은 전 세계적으로 약 1억 명입니다. 21세기에는 약 10억 명이 죽을 수 있다고 합니다.
- 담배를 피우는 어린이는 안 피우는 어린이보다 천식 증상으로 고생할 가능성이 세 배 높습니다. 천식 증상에는 기침, 가래, 거친 숨소리 등이 있습니다.
- 청소년이 담배를 피우면 폐가 암에 쉽게 걸리는 모양으로 변합니다. 이런 청소년은 어른이 되어 담배를 끊더라도 폐암에 걸릴 위험이 높습니다.
- 담배 연기에 들어 있는 화학 물질 4,000개 가운데 69개가 암을 일으킨다고 합니다.

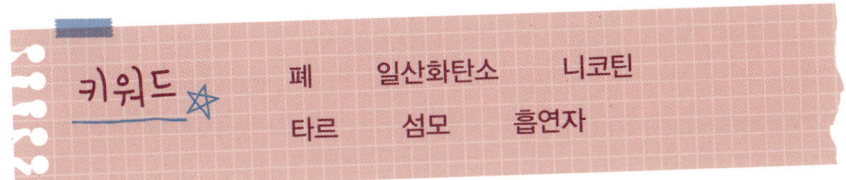

키워드 ☆　폐　일산화탄소　니코틴　타르　섬모　흡연자

장애를 이겨 내요

사람은 보고, 듣고, 냄새 맡고, 맛보고, 피부로 느낄 수 있는 다섯 가지 감각을 갖고 있습니다. 만일 이 감각 중에 한 가지를 잃으면 다른 감각이 뛰어나게 발달하는 경우가 많습니다. 예를 들어 앞을 못 보는 시각 장애인은 아름다운 소리를 듣는 감각이 발달해서 훌륭한 음악가가 되기도 합니다. 두 다리를 잃은 사람은 두 팔이 다리처럼 튼튼해지기 쉽습니다.

이런 장애인들은 살아가면서 뛰어넘어야 할 장애물이 많습니다. 그만큼 남다른 용기와 노력이 필요하지요. 그 장애를 넘고 이루어 낸 꿈은 그 무엇보다 값지고 아름다울 것입니다.

점자

시각 장애인은 점자를 손으로 더듬어 글을 읽습니다. 점자는 두꺼운 종이에 볼록 튀어나온 점들로 글자를 나타낸 것입니다. 시각 장애인은 점자로 만든 '점자 책'이나 귀로 들을 수 있는 '소리 책'으로 독서를 합니다.

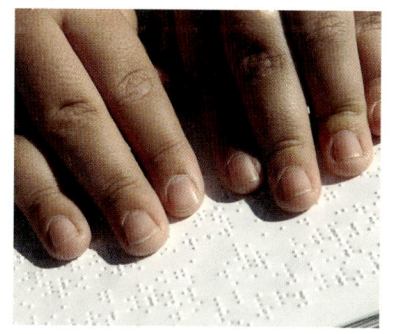

점자를 더듬어 글을 읽고 있습니다.

시각 장애를 뛰어넘은 위인들

시각 장애가 있으면서도 훌륭한 업적을 남긴 위인들이 있습니다. 어떤 사람들이 있는지 알아볼까요?

- 루이 브라유 – 점자를 발명한 프랑스 교육자
- 에드가 드가 – 프랑스 화가
- 호메로스 – 그리스 시인
- 존 밀턴 – 영국 시인
- 클로드 모네 – 프랑스 화가
- 호레이쇼 넬슨 – 영국 최고의 해군 사령관
- 스티비 원더 – 미국의 가수이자 작곡가

위험한 지뢰

해마다 수천 명의 어린이가 지뢰를 밟고 크게 다칩니다. 지뢰란 군인들이 적군을 공격하기 위해 땅속에 숨겨 놓은 폭약입니다. 그런데 아이들이 놀다가 실수로 이 지뢰를 밟고는 팔다리가 잘려 나가곤 합니다.

게다가 가난한 나라에서는 다쳐도 치료를 받지 못해서 장애인으로 살아가는 사람이 많아요. 더 안타까운 것은 팔다리를 잃어도 인공 팔다리를 살 돈이 없어서 지팡이에만 의지한 채 생활한다는 것입니다.

얼마 전부터 미국 스탠퍼드 대학교에서는 2만 원 정도에 살 수 있는 의족을 개발하고 있습니다. 이렇게 값싸고 기능 좋은 의족이 나온다면 다리를 잃은 사람들에게 큰 희망이 될 것입니다.

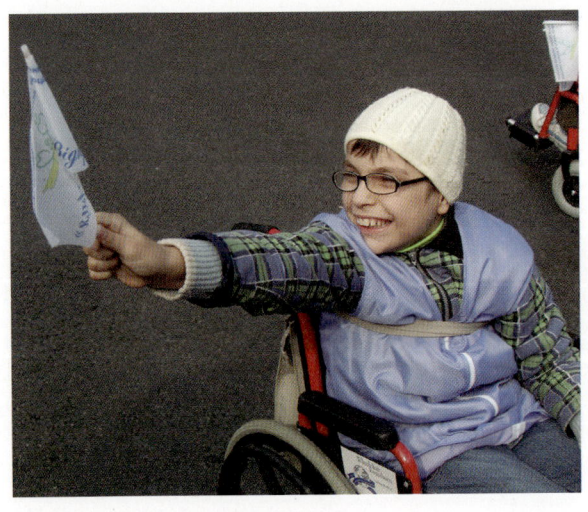

몸이 불편한 소년이 휠체어를 타고 씩씩하게 행진하고 있습니다.

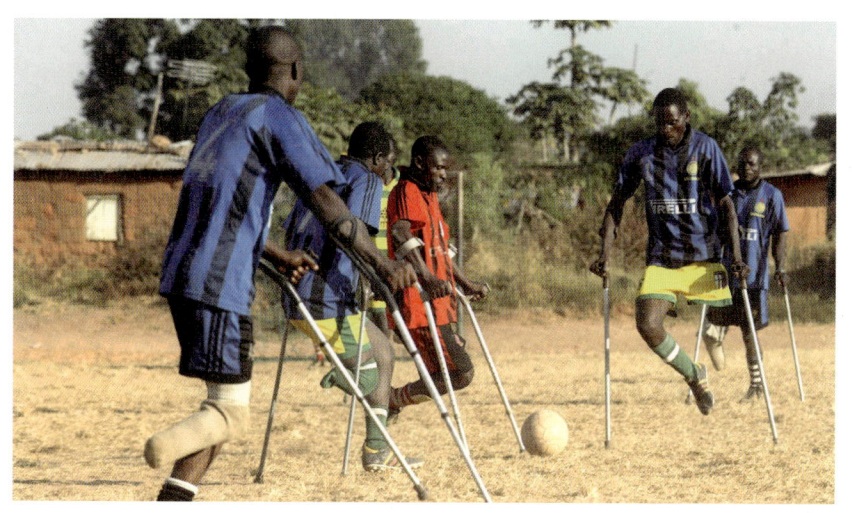

아프리카 앙골라에서 지뢰 때문에 다리를 잃은 청년들이 축구 경기를 하고 있습니다.

다리를 잃고 의족을 단 사람이 신나게 자전거를 타고 있습니다.

키워드

시각 장애인
점자   지뢰
의족

장애인 올림픽 영웅들

4년에 한 번씩 **패럴림픽**이라 불리는 장애인 올림픽 대회가 열립니다. 세계 여러 나라의 장애인 운동 선수들이 모여서 경기를 펼치는 것입니다. 몸이 불편해도 할 수 있는 운동은 많습니다. 오늘날 패럴림픽에서는 20가지 정도의 경기를 펼칩니다.

패럴림픽 경기 종목

장애인 올림픽에서는 비슷한 장애가 있는 선수들끼리 경기를 펼칩니다. 휠체어를 탄 선수들만 모여서 농구, 달리기, 테니스 등을 하고, 시각 장애 선수들은 공으로 하는 경기인 골볼이나 유도를 합니다. 그 밖에도 팔다리 장애, 지능 장애, 뇌 장애 등에 따라 참가할 수 있는 경기가 서로 다릅니다.

참가 종목

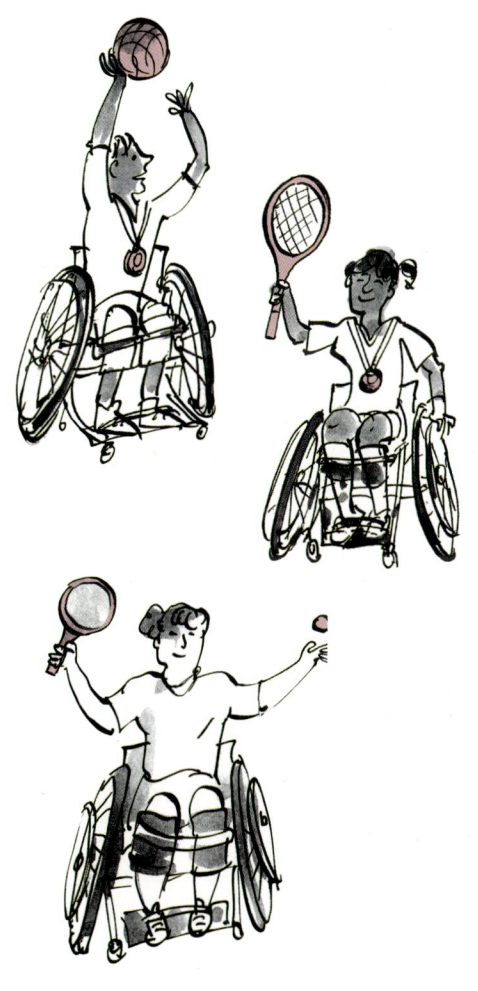

참가할 수 있는 경기 종목은 장애의 종류뿐만 아니라 장애가 얼마나 심한지에 따라서도 달라집니다. 그런데 한 선수가 다른 선수보다 장애가 심한지 덜한지는 가늠하기가 쉽지 않아요. 게다가 몇 개의 장애를 함께 갖고 있는 선수도 많지요. 그래서 참가할 수 있는 경기 종목을 정하는 일은 좀 복잡하답니다.

금메달을 딴 선수들

미국의 트리샤 존 선수는 장애인 올림픽에서 메달을 가장 많이 땄습니다. 지금까지 시각 장애인 수영 대회에 나가서 55개의 메달을 받았는데 그 가운데 41개가 금메달이랍니다.

노르웨이의 랑힐 뮈클레부스트 선수는 겨울에 열리는 동계 장애인 올림픽에서 메달을 가장 많이 받았습니다. 모두 22개를 받았고 그 가운데 17개가 금메달이랍니다.

뉴질랜드의 양궁 선수 네롤리 페어홀은 허리 아랫부분이 마비된 하반신 장애인입니다. 1984년, 이 선수는 하반신 장애인으로는 처음으로 장애인 올림픽이 아닌 일반 올림픽에 나갔습니다. 그리고 장애인 올림픽에서 금메달을 따기도 했습니다.

키워드

패럴림픽
골볼
하반신 장애인

평화를 깨뜨리는 전쟁

사람은 누구나 평화롭게 살고 싶어 합니다. 그런데 지난 5년 동안 이 지구에는 평화를 깨뜨리는 전쟁이 20건 넘게 벌어졌습니다. 대부분의 전쟁은 한 지역 안에서 정치나 종교 갈등으로 군인과 시민이 충돌하거나, 시민들끼리 무기를 들고 싸우는 형태였습니다. 그 가운데 몇 건의 전쟁은 수십 년 동안이나 계속되어 왔습니다.

소년 병사들

전 세계 소년들 중 약 30만 명이 군대에서 일한다고 합니다. 그 소년들은 대부분 강제로 군대에 끌려갔습니다. 심지어 소년을 군대에 끌고 가려고 정신을 잃게 하는 약을 먹이기도 한답니다.

소년 병사들은 전투원, 심부름꾼, 짐꾼, 또는 요리를 하는 취사병으로 일합니다. 전쟁터 생활은 어른들에게도 몹시 고달픈 일입니다. 소년 병사들은 너무 힘들어서 몸과 마음에 깊은 상처를 입습니다. 운 좋게 군대를 빠져나오기도 하지만, 그 후에도 건강하게 지내지 못하는 소년들이 많습니다.

우간다에서 소년 병사들이 훈련을 받고 있습니다.

전쟁 피해자

옛날에 전쟁 때문에 죽거나 다치는 사람은 대부분 군인이었지만, 요즘에는 90퍼센트 이상이 군인이 아닌 보통 사람입니다. 그 가운데 절반은 어린이입니다. 전쟁 때문에 지난 10년 동안 200만 명의 어린이가 목숨을 잃었고, 400만 명의 사람이 장애인이 되었습니다. 그리고 1,200만 명은 집을 잃고 떠돌이 신세가 되었답니다.

지뢰밭

오늘날 70여 개 나라에서 어린이들이 지뢰밭 때문에 위험에 빠져 있습니다. 지뢰는 땅속에 묻혀 있어서 우리 눈에는 보이지 않아요. 땅 위에 드러나 있더라도 마치 장난감 같아서 위험해 보이지 않습니다. 이런 지뢰를 무심코 밟거나 건드렸다간 무서운 기세로 폭발해 버립니다. 폭발하는 순간 주변에 있던 사람들은 크게 다치거나 목숨을 잃게 되지요.

　지뢰는 한번 땅에 심으면 50년 동안 살아서 주변을 위험에 빠뜨립니다. 이런 지뢰가 약 1억 1,000만 개나 이 지구에 묻혀 있고, 수많은 폭탄과 수류탄도 지뢰처럼 어딘가에 숨어 있답니다.

군인이 지뢰를 치우고 있습니다.

키워드 ★ 정치 종교 취사병
         지뢰밭

떠돌이가 된 피난민들

이런저런 갈등이 빚은 전쟁 때문에 보금자리를 잃은 피난민은 때에 따라 1,000만 명이 되기도 합니다. 그들은 목숨을 지키려고 도망치다가 가족과 완전히 헤어지기도 합니다. 많은 피난민들은 임시로 지은 난민 수용소에 머물며 전쟁이 끝나기를 기다립니다.

케냐에 있는 난민 수용소에 수천 명의 전쟁 피난민이 머물고 있습니다.

키워드

갈등
피난민
난민 수용소

의료 봉사 활동

해마다 가난한 나라에 가서 무료로 환자들을 돌보는 의사들이 있습니다. 가난한 나라에는 병원 시설이 부족해서 아파도 치료를 받지 못하는 사람들이 많습니다. 제때 치료를 받지 못해서 어린 나이에 목숨을 잃는 아이들도 많습니다.

플라잉 닥터 서비스

유럽은 1,000명 가운데 1명이 의사인데, 아프리카는 2만에서 5만 명 가운데 1명이 의사입니다. 의사가 매우 부족한 아프리카는 오래전부터 많은 환자들이 치료를 받지 못해 고생하고 있습니다.

1950년대에 아프리카 케냐의 의사들이 모여서 이 문제에 대해 의논했습니다. 그리고 '아프리카 의학연구재단'이라는 단체를 만들어 플라잉 닥터 서비스를 시작했습니다. 플라잉 닥터 서비스란 비행기를 타고 먼 곳에 있는 환자들을 찾아가 진료하는 것입니다. 아프리카 의학연구재단은 동아프리카 곳곳을 찾아가 환자들을 진료하고, 전염병 예방 관리나 보건 교육 등 다양한 의료 활동을 해 왔습니다.

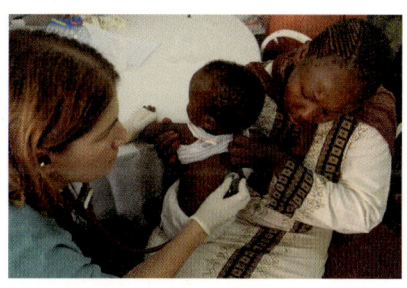

마을을 방문한 의사가
아이를 진찰하고 있습니다.

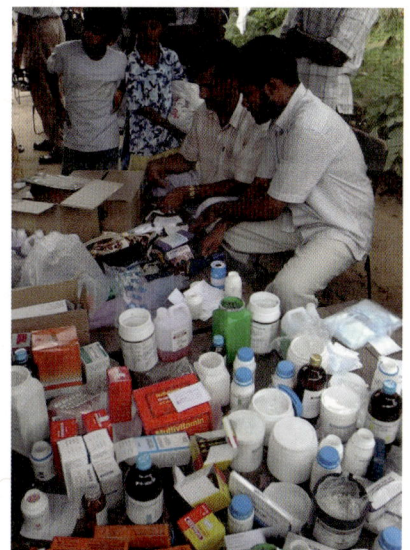

의료 봉사자들이 약상자를
풀며 정리하고 있습니다.

사이트세이버

사이트세이버는 눈 건강에 대한 모든 문제를 다루는 국제적인 자선 단체입니다. 사이트세이버는 단 1년 사이에 사상충증, 백내장, 트라코마 같은 눈병 환자들을 2,000명도 넘게 치료했습니다. 시각 장애인들에게 점자 읽기를 가르치기도 했습니다. 장애가 없는 사람들을 대상으로 시각 장애에 대한 잘못된 태도를 바로잡는 일도 했습니다.

이렇게 사이트세이버는 시각 장애인들이 모든 사람과 조화롭게 어울려 살아갈 수 있도록 많은 활동을 하고 있습니다.

오퍼레이션 스마일

오퍼레이션 스마일은 입술갈림증과 입천장갈림증을 무료로 수술해 주는 자선 단체입니다. 아기가 엄마 배 속에 있을 때 입술이나 입천장이 잘 자라지 못하면 입술갈림증과 입천장갈림증이 생길 수 있습니다. 입술이나 입천장이 갈라진 채 태어나는 것이지요.

이런 증상은 가난한 나라 사람들에게 잘 나타납니다. 다행히 간단한 수술만 받으면 정상적인 모양을 찾을 수 있답니다.

국경 없는 의사회

국경 없는 의사회는 1971년 프랑스에서 의사들이 모여 세운 단체입니다. 그즈음 아프리카 나이지리아 전쟁에서 다친 사람들을 돕기 위해 만든 단체이지요. 국경 없는 의사회는 그 후에도 전 세계를 다니며 어려움에 빠진 사람들을 돕고 있습니다. 전쟁이나 자연재해, 갑작스러운 사고 등으로 의사들의 손길이 필요한 곳이면 어디든 달려가 돕고 있답니다.

사람들이 의료품 상자를 들고 레바논 강을 건너고 있습니다.

키워드 ☆   플라잉 닥터 서비스   사이트세이버   오퍼레이션 스마일   국경 없는 의사회

운동을 하며 건강을 지켜요

오늘날 어린이들은 몸을 움직이는 신체 활동이 부족합니다. 학교나 어딘가에 갈 때도 걷는 대신 차를 타고 갑니다. 바깥에서 뛰어놀기보다는 집 안에서 텔레비전이나 컴퓨터 앞에 앉아 있는 시간이 많습니다. 건강하게 자라려면 신체 활동 시간을 늘려야 합니다. 신체 활동을 하면 어떤 점이 좋은지 알아볼까요?

친구들과 뛰어놀기

집 안에서만 놀지 말고 바깥에 나가 친구들과 함께 여러 가지 놀이와 운동을 해 보세요. 꾸준히 신체 활동을 하면 몸이 튼튼해질 뿐만 아니라 자신감이 생기고 적극적인 성격이 됩니다. 그러면 공부를 하든 무엇을 하든 더 열심히 하게 되지요. 혼자보다는 다른 사람들과 어울려 놀아야 몸과 마음이 더 건강해진답니다.

해변에서 신나게 놀며 스트레스를 날려요.

건강을 해치는 스트레스

오늘날 어린이들은 학교와 학원에서 끊임없이 경쟁하다 보니 스트레스를 많이 받습니다. 그래서 마음이 불안하고 우울한 아이들이 많습니다. 스트레스가 심해지면 몸에서 이런저런 신호를 보내 옵니다. 머리가 지끈거리고, 자꾸만 배가 아프고, 감기도 자주 걸리게 되지요. 나중에는 면역력이 크게 떨어져서 더 큰 병에 걸리게 됩니다.

스트레스 다스리기

　스트레스를 받으면 집 안에서 혼자 괴로워하지 말고 밖으로 나가 몸을 움직여 보세요. 재미있는 놀이나 운동에 집중하다 보면 어느새 마음이 편안해질 것입니다.

　운동을 꾸준히 하면 성격이 밝아지고 면역력이 강해져서 병에 잘 걸리지 않습니다. 한국이나 중국 같은 아시아 나라에서는 건강을 위한 운동으로 태극권이나 요가를 합니다. 두 운동은 느리고 부드럽게 움직이는 신체 동작으로 몸과 마음을 다스리는 운동입니다.

친구들과 함께 운동을 하면 몸과 마음이 건강해집니다.

운동을 하면 긴장된 마음이 풀리고 몸이 가뿐해져요.

키워드

스트레스
태극권

가족을 돌보는 아이들

우리는 어른이 될 때까지 부모님의 보살핌 속에서 자랍니다. 만일 부모님이 많이 아프거나 집에서 함께 살지 못한다면 어떻게 될까요? 우리가 부모님을 돌봐 드리거나, 부모님을 대신해 어린 동생을 돌봐야 합니다. 우리 주변에는 이렇게 어릴 적부터 가족을 돌보며 자라는 아이들도 있답니다.

환자 돌보기

우리가 몸이 불편한 가족을 위해 할 수 있는 일에는 무엇이 있을까요?

아픈 어머니를 대신해 청소를 하거나 빨래를 하고, 밥상을 차릴 수 있습니다. 혼자서 몸을 씻지 못하는 환자가 있다면 세수나 목욕, 또는 옷 갈아입는 일을 도와줄 수도 있어요. 그리고 환자가 규칙적으로 약을 챙겨 먹도록 도와주는 것도 중요한 일이에요.

몸이 아픈 사람은 혼자서 할 수 없는 일이 많기 때문에 쉽게 위험에 빠질 수 있습니다. 따라서 항상 옆에서 지켜보며 환자가 안전하게 지내는지 지켜보아야 합니다. 그런데 이렇게 환자를 돌보는 것은 어른들에게도 무척 힘든 일입니다. 아이들은 친구들과 놀거나 숙제할 시간이 부족해서 불평이 쌓일지도 모릅니다. 하지만 내가 가족을 돌본 만큼 행복한 가족이 된다는 걸 잊지 마세요.

아픈 가족을 위해 우리가 할 일

- 요리
- 청소
- 세수와 목욕 돕기
- 휠체어 밀어 드리기
- 안마해 드리기
- 함께 병원에 가기
- 영화를 보는 등 함께 문화 생활하기
- 약 챙겨 드리기

도움의 손길

어린 나이에 가족을 돌보다 보면 일찍 철이 들고 어른스러워집니다. 또래 친구들은 잘 못하는 일도 척척 해내게 됩니다. 예를 들어 쌀을 씻어서 밥을 지을 줄도 알고, 슈퍼마켓에 가서 필요한 물건을 사 오거나 아파트 관리비 같은 공과금도 낼 줄 알지요.

그런데 이렇게 너무 일찍 어른이 되면 어릴 적에 해야 하는 공부나 놀이, 여러 가지 경험을 마음껏 하지 못해요. 그러다 보면 자신의 꿈을 이루기가 힘들게 되지요. 그러니 혼자서 힘든 일을 모두 해내려고 애쓰지는 마세요. 힘들면 꼭 주변에 도움을 구하세요. 우리 주변에는 어려움에 처한 가족을 도와주는 이웃이나 단체도 많답니다.

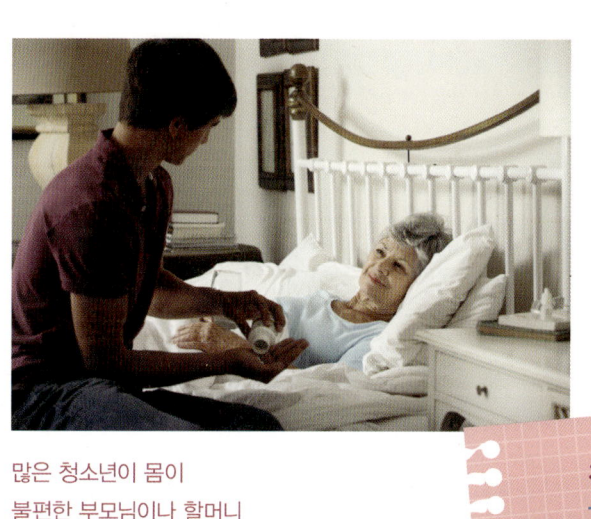

많은 청소년이 몸이
불편한 부모님이나 할머니
할아버지를 돌봐 드립니다.

키워드

철
공과금

공평하고 행복한 사회

이 세상에는 부자도 많고 가난한 사람도 많습니다. 건강한 사람도 있고, 몸이 불편한 사람도 있습니다. 허리가 고부라지도록 오래 사는 사람, 젊은 나이에 죽는 사람, 공부를 아주 많이 한 사람, 중학교만 겨우 졸업한 사람 등 다양한 사람이 있습니다. 여러분은 이 사람들 중에 누가 가장 행복할 거라고 생각하세요? 여러분의 '행복의 기준'은 무엇인가요?

행복 지수

한 나라가 얼마나 잘살고 있는지 알아보려면 국민들이 느끼는 '행복감'이 어느 정도인지만 조사하면 알 수 있습니다. 국민들의 소득, 교육, 건강 수준 등을 일일이 조사할 필요 없이 말이에요. 왜냐하면 모든 사람이 공통으로 바라는 것은 바로 '행복한 삶'이기 때문입니다.

2012년부터 국제연합은 150여 개 나라의 행복 지수를 조사해서 세계 행복 보고서를 발표하고 있습니다. 이 보고서에는 가장 행복한 나라부터 가장 불행한 나라까지 순위가 적혀 있습니다

공평한 혜택

세계 행복 보고서에 따르면 부자라고 해서, 또는 건강하거나 공부를 많이 했다고 해서 꼭 행복하지만은 않습니다. 가장 행복한 사람들이 사는 사회는 모두가 공평한 혜택을 받는 곳입니다. 아주 부유한 사람들과 너무 가난한 사람들이 섞여 있는 나라는 행복 지수가 대체로 낮은 편입니다.

덴마크

2016년 발표한 세계 행복 보고서에서 덴마크는 가장 행복한 나라로 뽑혔습니다. 행복의 기준이라고 알려진 부유함, 기대 수명, 선택의 자유, 안전한 사회 시설 등에서도 덴마크는 높은 점수가 나왔습니다.

국민총행복

1972년에서 2006년까지 부탄을 다스린 왕추크 왕은 돈보다 행복이 더 중요하다고 여겼습니다. 그래서 국내총생산(GDP)보다 국민총행복(GNH)을 높이기 위해 힘썼어요.

 국내총생산이란 한 나라가 경제적으로 얼마나 발전했는지를 나타낸 수치인데, 보통은 이 수치를 보고 국민의 생활 수준을 판단하지요. 그러나 왕추크 왕은 국민의 행복 지수를 나타낸 국민총행복에 따라서 생활 수준을 가늠했답니다.

부탄 서부 지역의 사회적, 종교적 중심지인 린풍 성채 사원

여러분은 얼마나 행복한가요? 0에서 10까지의 숫자로 나타내 보세요.

키워드 행복 지수   세계 행복 보고서   덴마크   국민총행복

서로 돕고 살아요

이 세상에는 가난과 굶주림, 전쟁, 자연재해 등으로 고통에 빠진 사람들이 많습니다. 그런데 많은 사람들은 그들의 고통에 대해 관심이 없습니다. 자기 힘으로는 그들을 도울 수도 없다고 여깁니다. 이것은 분명 잘못된 생각입니다.

우리 주변에서, 그리고 세상 곳곳에서 사람들이 겪는 고통에 대해 조금만 관심을 기울여 보세요. 그러면 그들을 도울 수 있는 방법이 얼마나 많은지도 알게 될 것입니다.

그러면 건강하고 행복한 세상을 만들기 위해 우리가 할 수 있는 일은 무엇이 있는지 알아볼까요?

생각과 의견 말하기

1992년 캐나다의 열두 살 소녀 세번 스즈키는 친구들의 도움으로 여행 자금을 마련해 브라질로 떠났습니다. 환경 문제를 의논하는 국제 회의에서 5분짜리 발표를 하려고요.

스즈키는 이 발표에서 아프고 굶주리는 아이들, 멸종되어 가는 동식물, 나날이 파괴되는 지구 환경에 대해 자신의 생각과 의견을 당당히 말했습니다. 모두가 당장 해결하기 힘든 큰 문제들이었지만, 어른들에게 하루 빨리 해결책을 찾도록 간절히 부탁하고 싶었던 것입니다.

우리가 매일 누리는 혜택을 가난한 나라의 어린이들은 누리지 못하고 있습니다. 자선 단체를 후원하면 이런 친구들을 도울 수 있습니다.

자매 결연

오늘날 많은 학교들이 다른 나라의 학교와 자매 결연을 맺습니다. 자매 결연을 맺으면 외국의 학생들과 웹사이트나 이메일을 통해 소식을 주고받을 수 있습니다. 그러다 보면 다른 나라 사람들의 생각과 생활에 대해 이해하고, 서로 도움을 주고받을 수 있습니다.

할머니 할아버지 돌보기

노인들은 외로움과 소외감을 느낄 때 건강이 매우 나빠집니다. 이웃에 사는 할머니 할아버지 가운데 도움이 필요한 분이 계신지 부모님께 여쭤 보세요. 우리 주변에는 혼자서 외롭게 살아가는 노인들이 많답니다.

할머니와 함께 책을 읽는 소년

외로운 노인들은 작은 심부름만 해 드려도 큰 행복을 느낍니다. 할머니 할아버지의 애완동물을 돌보거나, 가게에서 필요한 물건을 사다 드리거나, 안마를 해 드리세요. 그리고 이따금 양로원에 가서 책을 읽어 드리는 것도 좋습니다.

가축 기증

농촌에서는 가축이 중요한 재산입니다.

자선 단체에 문의하면 가난한 나라의 농부들에게 농작물 씨앗이나 비료, 가축, 또는 돈을 기부할 수 있습니다. 가난한 나라에서는 농사를 열심히 짓고 싶어도 농작물 씨앗조차 구하기 힘든 농부들도 많답니다.

옥스팜이라는 자선 단체를 통하면 인도나 온두라스의 가난한 농부에게 염소 같은 가축을 보내 줄 수도 있어요. 그러면 그곳의 농부들은 염소를 기르며 우유나 치즈를 생산해 먹을 수도 있고, 그것을 팔아서 돈을 벌 수도 있지요.

새로운 세상 만들기

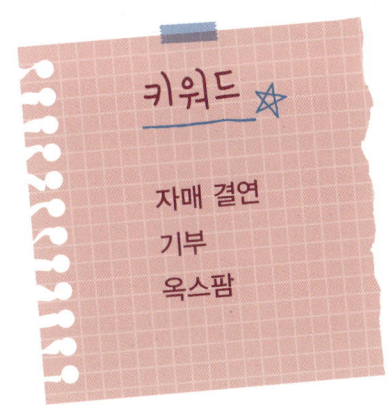

가난과 굶주림은 건강을 해치는 가장 큰 문제입니다. 미국에는 이런 문제를 해결하고 새로운 세상을 만들기 위해 학생들이 모여서 꾸려 가는 교육 프로그램이 있습니다. 이 프로그램에서는 세계적인 가난 문제를 조사하고 연구하며, 사람들에게 그 문제를 널리 알리기 위해 전시회나 공연을 열기도 합니다.

키워드

자매 결연
기부
옥스팜

용어 설명

ㄱ

거식증 오랜 기간 동안 식욕이 없어서, 또는 살이 찔까 봐 먹는 것을 거부하거나 두려워하는 병

결핵 결핵균이 폐나 콩팥 등에 침입하여 일어나는 전염병. 보통은 기침을 통해 결핵균에 전염된다.

기근 먹을거리가 너무 모자라서 많은 사람이 굶주리는 것

기대 수명 세상에 태어난 아기가 몇 살까지 살 수 있을지 나타낸 숫자

ㄴ

니코틴 담배에 들어 있는 화학 물질. 잠깐 동안 편안한 기분을 안겨 주는 니코틴의 효과 때문에 중독이 쉽게 된다.

ㄷ

단백질 뼈, 근육, 내장, 피부, 피, 머리카락 같은 몸의 기관들을 만들어 내는 가장 중요한 영양소

ㅁ

마약 코카인, 헤로인처럼 몸과 마음의 고통을 줄여 주고 편안함을 안겨 주는 중독성 약

메티실린 내성 황색 포도상구균(MRSA) 세균을 죽이는 항생제인 메티실린으로 공격해도 죽지 않는 무서운 세균

면역력 우리 몸이 바깥에서 들어온 나쁜 세균이나 바이러스를 물리쳐 내는 힘

민간 요법 병이 났을 때 병원에 가지 않고 주변에서 구할 수 있는 재료로 치료하거나, 신에게 기도하는 방법으로 치료하는 것

ㅂ

바이러스 동식물의 세포 안에서 살며 병을 일으키는 매우 작은 생물. 세균보다 작다.
백내장 눈의 수정체가 뿌옇게 되면서 시력이 떨어지는 병. 심하면 눈이 멀 수도 있다.
백신 사람의 몸에 바이러스와 싸워 이길 수 있는 항체를 만들어 주는 물질
비타민 과일과 채소에 많이 들어 있는 영양소로, 우리 몸의 기관이 정상적인 기능을 하는 데 꼭 필요하다.
빈혈 피의 상태가 나빠져서 두통과 어지러움, 두근거림, 피곤함 같은 증상이 나타나는 병

ㅅ

살충제 동식물에게 해로운 곤충을 없애는 데 쓰는 약
설사 소화 불량이나 나쁜 세균 때문에 똥에 수분이 많아져서 묽어지는 것
섬유질 식물의 몸을 이루는 주요 물질. 섬유질이 많은 과일과 채소를 많이 먹으면 나쁜 콜레스테롤이 줄어들고 장이 깨끗해진다.
세균 가장 작은 생물체로, 다른 생물의 몸에서 산다. 결핵균, 콜레라균처럼 사람의 몸에 병을 일으키는 세균도 있다.
소독 병에 감염되지 않도록 세균이나 바이러스 같은 병원균을 죽이는 것. 뜨거운 열이나 약품을 이용해 소독한다.
슈퍼 박테리아 아무리 강력한 항생제를 만나도 죽지 않는 세균

ㅇ

아연 건강을 위해 꼭 필요한 미네랄 영양소 중 하나로, 붉은 고기나 견과류, 씨앗 등에 많이 들어 있다.
아유르베다 요법 몸 전체와 마음의 건강까지 다스리는 인도의 전통 치료법
애벌레 알에서 나와 어른이 되기 전의 아기 곤충
에이즈(후천성 면역 결핍증) 인간 면역 결핍 바이러스(HIV)에 감염되어 온몸의 면역력을 잃어버리는 병. 에이즈에 걸리면 병을 물리치는 힘이 없어지기 때문에 작은 병에 걸려도 목숨을 잃기 쉽다.
요가 고요하고 부드러운 신체 동작과 호흡을 통해 몸과 마음을 편안하게 다스리는 운동

유전자　부모에게서 자식에게 전달되어 동식물의 여러 가지 특성을 나타내는 물질
유전자 변형 농산물　식물의 유전자를 변형시켜서 만들어 낸 새로운 품종의 농산물
유전자 변형 식품　유전자 변형 농산물을 이용해 만든 식품
유행병　어떤 지역에 전염병이 크게 퍼지는 것
의료 제도　건강보험, 병원 시설 등 건강과 관련된 모든 일에 대해 나라가 정해 놓은 규칙
의족　다리를 잃은 사람이 다리를 대신해 쓰는 인공 다리. 팔을 잃은 사람을 위한 인공 팔은 '의수'라고 한다.
인간 면역 결핍 바이러스(HIV)　사람 몸의 면역계(면역력을 발휘하는 기관과 세포)를 공격하는 바이러스. 이 바이러스가 온몸의 면역계를 무너뜨리면 에이즈에 걸린다.
일산화탄소　독성이 있는 기체로, 담배를 많이 피우면 일산화탄소가 생겨서 폐를 망가뜨린다.

ㅈ

점자　시각 장애인이 손으로 더듬어 읽도록 만든 글자. 두꺼운 종이에 볼록 튀어나온 점들로 글자를 표현한다.
조류 독감　조류 바이러스의 공격으로 닭이나 오리, 새들 사이에 번지는 전염병
중독　술이나 마약 등을 오랫동안 복용한 결과, 그것 없이는 온전한 생활을 하지 못하는 상태
지뢰　땅속에 묻혀 있는 폭발 장치. 지뢰가 묻혀 있는 땅을 밟으면 폭발을 일으킨다.

ㅊ

천식　호흡기 질병 중 하나로, 기침과 가래, 거친 숨소리 같은 증상이 나타난다.

ㅋ

칼륨　과일, 채소, 곡물에 많이 들어 있는 영양소로, 몸에 넘쳐 나는 나트륨과 노폐물을 내보내서 고혈압과 많은 병을 예방한다.
칼슘　멸치, 새우, 김 등에 많이 들어 있는 영양소로, 뼈를 튼튼하게 하고 세포를 건강하게 지켜 준다.

코카인　코카나무 잎에서 뽑아낸 마약. 병원에서는 마취 약으로 쓰기도 한다.
콜레라　더러운 물이나 음식에 들어 있던 오염 물질이 사람의 소장에 들어가 감염을 일으키는 병
콜레스테롤　생선이나 동물성 지방에 많이 들어 있는 물질로, 몸에 좋은 콜레스테롤도 있지만 보통은 해로운 작용을 하는 콜레스테롤이 많다. 콜레스테롤 수치가 높아지만 피의 흐름을 방해해서 동맥경화 같은 병을 일으킨다.

ㅌ

탄수화물　우리 몸에 힘이 솟게 해 주는 에너지원 영양소. 쌀, 밀, 설탕 등에 많이 들어 있다.
탈수　몸에 물이 지나치게 부족한 상태. 설사를 많이 하면 탈수 증상이 생긴다.
트라코마　전염성 세균이 일으키는 눈병. 눈에 염증이 생기고 눈꺼풀 안쪽에 좁쌀 같은 것이 돋아나며, 심해지면 시력을 잃는다.
트랜스 지방　액체인 식물성 기름을 고체로 만들기 위해 수소를 넣을 때 생겨나는 지방. 기름에 튀긴 음식에 많이 들어 있으며, 가장 나쁜 지방에 속한다.

ㅍ

포도당　몸에 에너지를 만들어 내는 물질. 탄수화물 음식을 먹으면 소화가 되면서 탄수화물이 포도당으로 바뀐다.
포화 지방　기름진 고기, 우유나 치즈 같은 유제품, 패스트푸드에 많이 들어 있는 해로운 지방. 몸에 포화 지방이 많으면 심장병이 생길 수 있다.
폭식증　습관적으로 엄청난 양의 음식을 한꺼번에 많이 먹는 것. 폭식을 하고 나면 살찔까 봐 두려워 일부러 토하기도 한다.
피난민　전쟁이나 자연재해 같은 난리를 피해 집을 떠나 떠도는 사람

ㅎ

항생제　세균을 없애는 데 쓰는 약
항체　몸에 들어온 나쁜 세균이나 바이러스의 힘을 약하게 하는 물질

찾아보기

ㄱ

가뭄　10, 11
각성제　77, 79
갈등　92, 96, 97
거식증　33, 35
결핵　45
결핵균　45
고열　36, 39, 59
골볼　89, 91
공과금　108, 109
관개 기술　49
국경 없는 의사회　101
국민총행복　112, 113
국제연합　52, 53, 111
기근　21, 23
기대 수명　12~15, 112
기부　116, 117
기생충　37, 47

ㄴ

난민 수용소　96, 97
농작물　11, 116
니코틴　82, 83

ㄷ

다공성 암석　48, 49
단백질　17~19, 23
당뇨　30, 31
대수층　48, 49
덴마크　112, 113
돌연변이　57, 59, 61

ㅁ

마약　77, 79
말라리아　36, 37, 39~40
말라리아 병원충　37, 39~41
메티실린 내성 황색 포도상구균　54, 59
면역력　50, 53, 70, 103, 104
미네랄　19
민간 요법　65~67

ㅂ

바이러스　50~54, 57~59, 61~63
백신　61~63
병균　11
보건소　15
비만　28~31
비타민　18, 19
비타민 A　22, 23

빈혈   36, 37, 39

ㅅ

사이트세이버   100, 101
살충제   40, 41, 59
섬모   82, 83
섭식 장애   32~35
세계보건기구   65, 67
세계 행복 보고서   111~113
세균   43~45, 47, 54~56, 61~63
소화   17, 70, 71
소화 기관   18, 19
수혈   51, 53
슈퍼 박테리아   55, 59
슈퍼 옥수수   24, 27
스트레스   82, 103~105
시각 장애   22, 23, 85
시각 장애인   84, 85, 87, 90, 100
식량 문제   25, 27
신약   62, 63
신종 플루   57, 59
심장병   30, 31

ㅇ

아유르베다 요법   68, 69, 71
알코올   78, 79
약초   65, 67, 71, 74
에너지   17, 19, 20, 23
에볼라 바이러스   59, 63
에이즈   13, 50~53, 62
연근   74, 75
연꽃 자세   73, 75
영아 사망률   13, 15
영양소   16~18
예방 주사   61, 63
오퍼레이션 스마일   100, 101
옥스팜   117
요가   72, 73, 75, 104
위산   33, 35
유전자   24, 25, 27, 40
유전자 변형 모기   40, 41
유전자 변형 식품   24, 25, 27
의료 제도   14, 15
의족   86, 87
인간 면역 결핍 바이러스   50, 51, 53, 62
일산화탄소   80, 81, 83

ㅈ

자매 결연   115, 117
자선 단체   49, 100, 115~117
적혈구   39, 41

전염　37, 59
전염병　12, 15, 45, 61, 64, 99
전쟁　11, 12, 92, 94, 96, 97, 101, 114
점자　85, 87, 100
정치　92, 95
정화　42~45, 47
조류 독감　57~59
종교　92, 95, 113
중독　76, 77, 79, 82
지구 온난화　39, 41
지뢰　86, 87, 94, 95
지뢰밭　94, 95
지방　19, 20, 23, 29
지카 바이러스　58, 59
지하수　48, 49

ㅊ
철　108, 109
취사병　93, 95

ㅋ
칼슘　19
콜레라　43, 45
콜레라균　43, 45

ㅌ
타르　80, 82, 83
탄수화물　17, 19, 20, 23

탈수　43, 45
태극권　104, 105
트랜스 지방　29~31

ㅍ
패럴림픽　88, 89
폐　45, 80~83
포도당　17, 19
포화 지방　29, 31
폭식증　33, 35
플라잉 닥터 서비스　99, 101
피난민　96, 97

ㅎ
하반신 장애인　90, 91
하수　42, 45
항생제　55, 56, 59
항우울제　77, 79
항체　60, 61, 63
행복 지수　111~113
향신료　70, 71
홍수　11
환각제　77, 79
흡연자　82, 83
히포크라테스　64, 65, 67

사진 출처

- 9쪽   Jake Hyell / Alamy
- 14쪽   AFP
- 15쪽   Anatoly Tiplyashin
- 17쪽   JeremyRichards
- 21쪽   Lucian Coman
- 22쪽   TheFinalMiracle
- 23쪽   Jenny Matthews/Alamy
- 25쪽   pedrosala
- 26쪽   zhuda
- 26~27쪽   Digital Genetics
- 29쪽   Image Source/Rex Features
- 30쪽   위–Julian Makey/Rex Features / 아래–photosimysia
- 33쪽   Tomasz Trojanowski
- 34쪽   crystalfoto
- 35쪽   Elena Elisseeva
- 37쪽   wojciech wojcik
- 39쪽   Dmitrijs Bindemanis
- 40쪽   Jes2u.photo
- 41쪽   위–Bianda Ahmad Hisham / 아래–toeytoey
- 43쪽   왼쪽–Kateryna Kon / 오른쪽–Irada Humbatova/Corbis
- 44쪽   위–De Visu
- 47쪽   위–Lucian Coman / 아래–Anjo Kan
- 48쪽   Oleksii Zelivianskyi
- 48~49쪽   somsak nitimongkolchai
- 51쪽   Giacomo Pirozzi/Panos Picture
- 53쪽   aren Kasmauski/Science Faction/Corbis
- 56쪽   위–Christian Delbert / 아래–beerkoff
- 58쪽   Jamie Cooper/Galaxy Picture Library/Alamy
- 61쪽   Darren Baker
- 62쪽   위–AuntSpray / 아래–science photo
- 63쪽   위 왼쪽–Centers for Disease Control and Prevention/Wikimedia.org / 위 오른쪽–Sebastian Kaulitzki / 아래–CDC/Cynthia Goldsmith/Wikimedia.org
- 65쪽   Mycelium101/Wikimedia.org
- 66쪽   위–wizdata / 가운데–Articphoto/Alamy
- 67쪽   위–LiliGraphie

			아래—mezzotint
	아래—calliopejen/		Clayoquot/Wikimedia.
	Wikimedia.org	90~91쪽	org
• 69쪽	왼쪽—Juriah Mosin		
	오른쪽—fotolotos	• 93쪽	Mike Goldwater/Alamy
• 70쪽	Swapan Photography	• 95쪽	위—Sebastian Rich/
• 71쪽	위 왼쪽—Nila Newsom		Corbis
	위 오른쪽—Nila Newsom		아래—Vadim Ivanov
	아래 왼쪽—svrid79	• 97쪽	위—Sadik Gulec
	아래 오른쪽—marilyn		배경—Orlok
	barbone	• 99쪽	왼쪽— Eddie Gerald/
• 73쪽	아래 1—picturepartners		Alamy
	아래 2—mama_mia		오른쪽—inhua/XINHUA/
	아래 3—Pavel L Photo and		Corbis
	Video	• 101쪽	Sipa Press/Rex Features
	아래 4— Bohbeh	• 103쪽	PhotoSky
• 74~75쪽	anuphadit	• 104~105쪽	Sasin Tipchai
• 78쪽	Kuzma	• 105쪽	Jim Esposito/Blend
• 79쪽	위—Thomas Imo/Alamy		Images/Corbis
	아래—IVL	• 109쪽	위—Photographee.eu
• 80쪽	Producer		아래—Monkey Business
• 81쪽	Custom Medical Stock		Images
	Photo/Science Photo	• 112쪽	User:Madden/Wikimedia.
	Library		org
• 82쪽	왼쪽—Anne Kitzman	• 113쪽	위—Jean—Marie Hullot/
	가운데—Piotr Rydzkowski		Wikimedia.org
	오른쪽—Rex Features/Rex		아래—Monkey Business
	Features		Images
• 85쪽	Karin Hildebrand Lau	• 115쪽	Riccardo Mayer
• 86쪽	vadim kozlovsky	• 116쪽	위—De Visu
• 87쪽	위—Julian Simmonds/Rex		아래—Danita Delimont/
	Features		Alamy

교과 연계

사회 3학년	**2학기** 2. 달라지는 생활 모습 3. 다양한 삶의 모습들
사회 6학년	**2학기** 3. 세계 여러 지역의 자연과 문화 4. 변화하는 세계 속의 우리
과학 5학년	**2학기** 4. 우리 몸의 구조와 기능
과학 6학년	**1학기** 2. 생물과 환경 **2학기** 1. 생물과 우리 생활

지그재그 초등과학백과사전 8
누가 누가 건강하게 오래 살까?

초판 1쇄 발행 2017년 8월 21일

지은이	스티브 웨이 · 펠리시아 로
그린이	율리야 소미나
감수	정갑수
옮긴이	권예리

펴낸이	김한청
편집	고태화
마케팅	최지애
디자인	김지혜 · 안희원

펴낸곳	(주)다른미디어
출판등록	2017년 4월 6일 제2017-000088호
주소	서울시 마포구 동교로27길 3-12 N빌딩 3층
전화	02-3143-6478
팩스	02-3143-6479
블로그	http://blog.naver.com/magicscience_pub
페이스북	https://www.facebook.com/magicsciencepub
이메일	khc15968@hanmail.net
ISBN	979-11-960775-9-4 74400
	979-11-960775-1-8 (세트)

매직사이언스는 (주)다른미디어의 과학 브랜드입니다.

잘못 만들어진 책은 구입하신 곳에서 바꾸어 드립니다.
값은 뒤표지에 있습니다.

이 책은 저작권법에 의해 보호를 받는 저작물이므로,
서면을 통한 출판권자의 허락 없이 내용의 전부 혹은 일부를 사용할 수 없습니다.

이 도서의 국립중앙도서관 출판예정도서목록(CIP)은 서지정보유통지원시스템 홈페이지
(http://seoji.nl.go.kr)와 국가자료공동목록시스템(http://www.nl.go.kr/kolisnet)에서
이용하실 수 있습니다.(CIP제어번호: CIP2017019440)

어린이제품 안전특별법에 의한 기타 표시사항
제품명 도서 | **제조자명** (주)다른미디어 | **전화번호** 02-3143-6478
주소 서울시 마포구 동교로27길 3-12 N빌딩 3층 | **제조년월** 2017년 8월 21일 | **사용연령** 8세 이상